はしがき

　本『統治論に基づく人口比例選挙訴訟Ⅱ』（日本評論社、2020年）は、弊著『統治論に基づく人口比例選挙訴訟』（日本評論社、2020年）を補充するものである。本書は、2019年7月参院選（選挙区）・選挙無効請求訴訟（以下、本件訴訟または本件裁判ともいう）の上告審（最高裁大法廷）での原告ら（以下、選挙人らともいう）の準備書面（1）（但し、筆者が下記共同訴訟代理人との議論・助言・示唆を得て執筆した）の主張に沿うものである。筆者は、本件裁判の選挙人らの主張の詳細の公開は、日本の選挙無効請求訴訟の判例研究の深化・発展に資すると考える。

　筆者は、本件訴訟共同訴訟代理人久保利英明弁護士、同伊藤真弁護士、同黒田健二弁護士等から議論・助言・示唆を得て、本書を執筆した。ここに記して、謝意を表したい。

　なお、平成28年改正法の採用するアダムズ方式による選挙区割り方法は、各都道府県への議員定数配分に適用されるとしても、なお憲法の人口比例選挙の要求に反する。けだし、アダムズ方式による各都道府県への議員定数配分は、主権者たる国民を基準として見た場合、憲法の要求する人口比例選挙未達であるからである。

目　次

が国民に対して宣言した抜本的な選挙制度の見直しが怠られた以上、当該43都道府県の選挙区割りが違憲状態の瑕疵を帯びたままであるため、国政選挙の区割り規定の「不可分の一体」（昭和51年大法廷判決（衆）；昭和60年大法廷判決（衆）参照）の法理により、結局、本件選挙は、違憲状態または違憲である。】

[凡例]

1．判例、文献等については、以下の略語を用いる場合がある。

大法廷判決	最高裁判所大法廷判決
大法廷判決（衆）	最高裁判所大法廷判決（衆議院議員選挙）
大法廷判決（参）	最高裁判所大法廷判決（参議院議員選挙）
最大判（決）	最高裁判所大法廷判決（決定）
最判（決）	最高裁判所小法廷判決（決定）
高判（決）	高等裁判所判決（決定）
地判（決）	地方裁判所判決（決定）
民集	最高裁判所民事判例集
刑集	最高裁判所刑事判例集
集民	最高裁判所裁判集民事
訟月	訟務月報
判時	判例時報
判タ	判例タイムズ
選挙人（または選挙人ら）	筆者ら弁護士グループが代理して提訴した、選挙無効請求訴訟の原告（または原告ら）
本件裁判	筆者ら弁護士グループが代理して提訴した、本件選挙の選挙無効請求訴訟
本件選挙	2019年7月21日施行参院選（選挙区）
平成27年改正法	公職選挙法の一部を改正する法律　平成27年法律第60号
平成28年改正法	公職選挙法の一部を改正する法律　平成28年法律第49号
平成30年改正法	公職選挙法の一部を改正する法律　平成30年法律第75号
昭和51年大法廷判決（衆）	最高裁大法廷昭和51年4月14日判決
昭和60年大法廷判決（衆）	最高裁大法廷昭和60年7月17日判決
平成16年大法廷判決（参）	最高裁大法廷平成16年1月14日判決
平成18年大法廷判決（参）	最高裁大法廷平成18年10月4日判決
平成21年大法廷判決（参）	最高裁大法廷平成21年9月30日判決
平成24年大法廷判決（参）	最高裁大法廷平成24年10月17日判決
平成25年大法廷判決（衆）	最高裁大法廷平成25年11月20日判決
平成26年大法廷判決（参）	最高裁大法廷平成26年11月26日判決
平成29年大法廷判決（参）	最高裁大法廷平成29年9月27日判決
平成30年大法廷判決（衆）	最高裁大法廷平成30年12月19日判決

2．被引用文の中の漢数字は、算用数字に変更した。

3．憲法研究者については、現在または論文執筆時の職位を付記した。

第 1 章（本書 1 ～108頁）**選挙人らが第 1 番目に強調したい主張：**

【本第 1 章の要約】（本書 1 ～ 3 頁）

　国の意見書に対する反論として、選挙人らが第 1 番目に強調したい主張は、下記 I ～ II の①～④、III、IV である。

I （本書 4 ～ 8 頁）【選挙人らの主張（要約）】：

　令和 1 年 7 月施行参院選（選挙区）（以下、本件選挙ともいう）以降の選挙の投票価値較差是正のための「国会の努力」（本書 6 頁参照）は、既に施行済の**本件選挙の投票価値最大較差の縮小に毫も寄与しない。**

　よって、既に施行済の本件選挙が違憲状態か否かの判断に際して、本件選挙以降の選挙の投票価値較差是正のための**「国会の努力」**を考慮すべきでなく、その結果として、本件選挙の事実関係の下で、「本件選挙（但し、選挙人数最大較差・1 対3.00）は、違憲状態または違憲」と判断さるべきである。

II （本書 8 ～93頁）　I の主張を補強するために、下記①～④を主張する（本書 1 ～ 3 頁）。

① （本書 8 頁参照）

　下記 1 （本書 9 ～11頁）、 4 （本書17～18頁）の最高裁判事の意見および反対意見（宮崎判事〈意見〉；木内判事〈反対意見〉）および下記 2 、3 （本書11～17頁）、 5 ～ 7 （本書18～22頁）、 9 （本書24～26頁）の 6 個の論文および下記 8 （本書22～24頁）の平成30.2.7名古屋高判に照らし、当該最高裁判事（ 2 人）および当該各論文執筆者（ 6 人）（合計 8 人）および当該名古屋高判の各判事は、

【施行済の平成28年参院選（選挙区）の選挙の区割りの**最大較差縮小に毫も寄与しない、**当該選挙以降の選挙の区割り是正のための**「国会の努力」**を考慮して、「施行済の選挙は、違憲状態でなかった」とする平成29年大法廷判決（参）の違法性の判断基準は、**疑わしい。**よって、本件選挙の事実関係の下で、「本件選挙（但し、各選挙区間では、議員 1 人当り選挙人数最大較差・1 対3.00〈本件選挙日の時点で。〉）（以下、

「本件選挙（但し、選挙人数最大較差・1対3.00)」ともいう）は、違憲状態または違憲である」】との意見であろう、と推察される。

② （本書26頁参照）

　同下記10〜15（本書26〜37頁）の合計・6個の論文の執筆者（**合計6人**）は、【「**国会の努力**」を考慮して、施行済の選挙の選挙区割りを合憲とする判断】は、**疑問である**。および／または「合理的期間」論も、**疑わしい**。よって、本件選挙の事実関係の下で、「本件選挙（但し、選挙人数最大較差・1対3.00）の選挙区割りは、違憲状態または違憲である」との意見】であろう、と推察される。

③ （本書36頁参照）

　下記**16〜47**（本書37〜71頁）の合計・32個の各論文等の執筆者（**合計33人**）（但し、岩井伸晃最高裁調査官は、下記46、47の2個の論文の共同執筆者である。）は、下記**16〜47**記載のそれぞれの理由で、本件選挙の事実関係の下で、「本件選挙（但し、選挙人数最大較差・1対3.00)は、違憲状態または違憲である」との意見であろう、と推察される。

④ （本書71頁参照）

　下記**1、4、24、25、48〜65**記載の意見、反対意見、法廷意見の最高裁判事（**合計26人**）（当時または現在）は、それぞれ下記**1、4、24、25、48〜65**記載の理由で、本件選挙の事実関係の下で、「本件選挙（但し、選挙人数最大較差・1対3.00)は、違憲状態または違憲である」との意見であろう、と推察される（下記**【表2】**〈本書105頁〉参照）。

（上記①〜④の小括）

　上記①〜④をまとめると、**73人＋名古屋高判の各判事**（＝①（8人＋名古屋高判の各判事）＋②（6人）＋③（33人）＋④（26人））（但し、ダブル・カウントされている4人の最高裁判事をシングル・カウントすると、**69人**〈＝73−4〉＋名古屋高判の各判事）は、本件選挙の事実関係

の下で、「本件選挙（但し、選挙人数最大較差・1対3.00）は、違憲状態または違憲である」との意見であろう、と推察される（下記【表2】〈本書105頁〉参照）。

Ⅲ （本書94〜103頁） 平成24、26、29年の3個の大法廷判決（参）のそれぞれについての「最高裁判所判例解説」掲載の合計30個の論文を分析すると（本書94〜103頁）、

ア 全30個のうち、2個の論文の執筆者・2人（①新井誠、②岩間昭道。敬称略。全ての研究者につき、以下、同じ。）は、当該2個の論文に照らして、本件選挙の事実関係の下で、「本件選挙（但し、選挙人数最大較差・1対3.00）は、違憲状態ではない」との意見であろう、と推察される。

イ 同30個の論文のうちの22個の論文の執筆者（**合計22人**）（但し、櫻井智章教授が2個の論文を執筆し、岩井伸晃が2個の論文の共同執筆者であるため。）は、それぞれの執筆論文に照らして、本件選挙の事実関係の下で、「本件選挙（但し、選挙人数最大較差・1対3.00）は、違憲状態または違憲」との意見であろう、と推察される。

ウ 同30個の論文のうちの残余の6個の論文の執筆者（**合計6人**）（①上田健介；②加藤隆佳；③大竹昭裕；④高橋和之；⑤前硲大志；⑥横山真通）は、それぞれの論文の中で憲法が許容する参院選（選挙区）の投票価値の最大較差について自己の意見または示唆を記述していない（下記【表1】〈本書101〜102頁〉参照）。

Ⅳ （本書103〜108頁） Ⅱ（本書8〜93頁）記載の各論文等執筆者（47人）の意見、各大法廷判決中の各最高裁判事（26人）の意見、反対意見、法廷意見およびⅢ（本書94〜103頁）記載の各論文執筆者（30人）の意見を下記【表2】（本書105〜108頁）にまとめた。

■（本書4～8頁）

> 【選挙人らの主張（要約）】：
> ①　本件選挙以降の選挙の投票価値較差是正のための**「国会の努力」**は、施行済の本件選挙の選挙区割りの投票価値の**最大較差の縮小に毫も寄与しない。**
> ②　よって、既に施行済の本件選挙の選挙区割りが違憲状態か否かの判断に当って、本件選挙以降の較差是正のための「国会の努力」を考慮すべきでない。
> 　　その結果として、本件選挙の事実関係の下で、「本件選挙（但し、選挙人数最大格差・1対3.00）は、違憲状態または違憲」と判断さるべきである。

以下（本書4～8頁）、詳述する。

(1)　本件裁判の訴訟物は、【本件選挙投票日（即ち、**「違法判断の基準時」**）の、本件選挙の選挙区割りが、憲法の1票の投票価値の平等の要求に反することを理由とする、公職選挙法204条に基づく、令和1年7月施行参院選（選挙区）選挙無効請求】である。

【「違法判断の基準時」の問題】

(2)　取消訴訟の訴訟物は、当該処分の違法性である。

その違法性をどの時点で判断すべきか、が問題となる。

「これを違法判断の基準時の問題という」（塩野宏『行政法Ⅱ〔第5版補訂版〕』有斐閣2013年200頁参照）。

【取消訴訟における「違法判断の基準時」が、処分時であること】は、判例、多数説である[1]（塩野宏『行政法Ⅱ』〔第5版補訂版〕200～201頁、最判昭和27.1.25民集6巻1号22頁、行政判例百選Ⅱ204事例〈多賀谷一照執筆〉、最判昭和28.10.30行裁例集4巻10号2316頁、高作正博「判例評論」判例時報2265号136頁、高田敏編『新版行政法』有斐閣294頁）。

本件訴訟は、本件選挙の効力に関する訴訟である。本件選挙の違法性を

4

どの時点で判断すべきか、が問題となる。即ち、「違法判断の基準時」の問題である。

「選挙又は当選の効力に関する訴訟」については、処分時説（判例、多数説）も判決時説（田中二郎東京大学教授〈当時〉、雄川一郎東京大学教授〈当時〉）も、ともに、「違法判断の基準時」は、処分時としており、この点で争いはない[1]。

即ち、本件裁判で言えば、本件選挙の「違法判断の基準時」は、処分時たる本件選挙投票日である（高作正博教授「最新判例批評」判例時報2265号（判

1）塩野宏『行政法Ⅱ』〔第5版補訂版〕200～201頁は、

「　違法判断の基準時

　(1)　意　義

　取消訴訟の訴訟物は当該処分の違法性であるが、その違法をどの時点で判断すべきかという問題がある。すなわち、処分の時とその処分に対する取消訴訟の判決の時との間には常に時間的経過があることから、その間に事実関係の変更、法令の改廃が行われることがあり、その場合にいずれの時を基準にして違法性を判断すべきかという問題が生ずるのであって、これを**違法判断の基準時の問題**という。

（略）

　(2)　判例・学説の動向

　最高裁判所は原則として処分時説をとっている（最判昭和27.1.25民集6巻1号22頁、行政判例百選Ⅱ204事件、最判昭和28.10.30行裁例集4巻10号2316頁。後者は、「裁判所が行政処分を取り消すのは、行政処分が違法であることを確認してその効力を失わせるのであって、弁論終結時において、裁判所が行政庁の立場に立って、いかなる処分が正当であるかを判断するのではない」としている）。取消訴訟は行政処分の事後審査であるという基本的立場から、**処分時説を支持するのが学説の大勢**である（原田・要論397頁。行政事件訴訟法の立案関係者もこの立場に立っていると解される。参照、杉本・解説105頁以下。なお参照、南編・注釈299頁〔山内敏彦〕）。これに対して**判決時説**をとる学説もある。これは、取消訴訟の本質が行政庁の第一次判断を媒介として生じた違法状態を排除するものであるという立場（田中・行政法上巻348頁）、抗告訴訟においては行政行為の法規に対する適合の有無が判断の対象となるので、その場合の法規は判決時の法規が原則となる（雄川・行政争訟法219頁以下）とする立場である。

　しかし、両説ともそれぞれ例外を認める。**判決時説**においても、訴訟の目的が**一定時期における処分の違法性の判断である場合（選挙又は当選の効力に関する訴訟）**、直接第三者の権利利益に関係のある場合（競願にかかる許可処分の取消訴訟）、処分の効果が処分時に完了する場合などは**処分時**によるものとされている。また処分時説においても、瑕疵の治癒の法理を認めるので、その限りでは処分時説が厳格に貫かれているわけではない。」（強調　引用者）

例評論680号）136頁〈本書24～26頁〉参照）。

　本件裁判の目的をここで確認すると、本裁判の目的は、【本件選挙投票日（＝「違法判断の基準時」）の選挙の選挙区割りが、違法か否か（即ち、憲法の要求違反か否か）】を判断することである。

(3)
　ア　平成29年大法廷判決（参）は、【平成28年7月10日施行の参院選（選挙区）の選挙区割りが、違憲状態であったか否か】の判断において、[1]投票価値の最大較差が5倍前後から1対3.08に縮小したことおよび[2]「今後における投票価値の較差の**更なる是正に向けての方向性と立法府の決意**」（以下、これらを**「国会の努力」**ともいう）を総合して考慮して、「同選挙の選挙区割りが違憲状態に該当しない」旨判断した。

　イ　冒頭の枠欄の中の【選挙人らの主張（要約）】（本書4頁）に記載のとおり、**「国会の努力」**は、施行済の選挙の選挙区割りの投票価値の**最大較差の縮小に、毫も寄与し得ない**（武田芳樹教授「0増5減の改正を経た衆議院小選挙区選出議員の選挙区割規定の合憲性」新・判例解説（法学セミナー）19号（2016）22頁〈本書18～19頁〉参照）。けだし、「国会の努力」は、当該選挙以降施行の選挙の選挙区割りの是正のためになされるため、施行済の選挙（本件選挙）の選挙区割りの最大較差を毫も縮小しないからである。
　この命題（即ち、「「国会の努力」は、施行済の選挙（本件選挙）の選挙区割りの投票価値の最大較差の縮小に、毫も寄与し得ない。」）は、**何人（国も含む）も争い得ない、自明の命題**である。

　ウ　従って、本件選挙より後の選挙の選挙区割りの投票価値較差是正のための立法などの**「国会の努力」**は、本件選挙の投票日の時点（＝「違法判断の基準時」）の選挙区割りが違憲か否か（または違法か否か）の判断に当って、考慮すべき考慮要素とは、なりようがない。
　この議論も、**争う余地のない、当り前の議論**である。

(4) 平成29年大法廷判決（参）は、①【投票価値の最大較差が1対3.08にまで縮小したこと】および②【平成27年改正法によって、「更なる是正に向けての方向性と立法府の決意」が示されたこと】の2つの事情を総合して考慮して、

平成28年参院選（選挙区）の選挙区割りは、違憲状態ではない旨判示した。

平成29年大法廷判決（参）の当該判示は、『当該選挙の投票日の時点（＝「違法判断の基準時」）での該選挙の選挙区割りが、違憲状態か否か』の判断（即ち、違法性の判断）に当って、【爾後の選挙の選挙区割りに適用され得る法律の成立の可能性】（または、「国会の努力」）を総合して考慮して「当該選挙は違憲状態ではない」と判示するものである。

選挙後に実施される選挙の選挙区割りの是正（または、「国会の努力」）は、選挙時（＝「違法判断の基準時」）の選挙区割りの投票価値の最大較差の縮小に毫も寄与もし得ないのであるから、冷静に考えてみれば、平成29年大法廷判決（参）の採用するこの判断枠組みは、法論理として成り立ちようのない、**全くの論理否定**の法論理である。

平成29年大法廷判決（参）の当該判示は、上記(3)～(4)（本書6～7頁）に示したとおり、法論理として、**破綻**している。

よって、選挙人らは、本件選挙の事実関係の下で、「選挙人数最大較差・1対3.00たる本件選挙は、違憲状態である」と主張する。

(5) 共同通信社（2020年1月16日配信）は、

「司法試験に合格し、新たに裁判官として採用された判事補75人の辞令交付式が16日、最高裁で開かれ、大谷直人長官が「裁判に対する非難や批判から逃げず、受け止める覚悟を持ってほしい」と訓示した。

大谷長官は一人一人に辞令を手渡した後にあいさつした。当

事者双方の主張が真っ向から対立する事件では「どのような判決を書いても『不当だ』との非難は免れない」とした上で「**なぜ敗訴した側の主張が採用できないか、判決の中できちんと整理して示すことが必要だ**」と説いた。」（強調　引用者）

と報じた。

　もし仮に、本件裁判で、選挙人らが敗訴する場合は、最高裁は、大谷直人最高裁長官の当該訓示のとおり、判決文の中で「なぜ選挙人ら側の主張（当該【選挙人らが第1番目に強調したい主張】〈本書4〜8頁〉を含む。）が採用できないのか、判決の中できちんと整理して示」されるよう求められる。

II （本書8〜93頁）憲法研究者（47人）の各意見等および最高裁判事（26人）の各意見

　各論文等執筆者（**47人**）および各最高裁判事（現在または当時）（**26人**）の**総計・73人**（＝47＋26）（但し、ダブル・カウントされている4最高裁判事をシングル・カウントすると、69人（＝73−4））の意見は、本件選挙の事実関係の下で、「**本件選挙（但し、選挙人数最大較差・1対3.00）は、違憲状態または違憲**」との意見であろうと、推察される（下記【**表2**】参照〈本書105〜108頁〉）。

① （本書8〜26頁）

　下記1の意見（宮崎裕子最高裁判事）（本書9〜11頁）；同2の論文（毛利透京大教授の意見）（本書11〜15頁）；同3の論文（尾形健同志社大学教授）（本書15〜17頁）；同4の反対意見（木内道祥最高裁判事〈当時〉）（本書17〜18頁）；同5の論文（武田芳樹山梨学院大学教授）（本書18〜19頁）；同6の論文（東川浩二金沢大学教授）（本書19〜20頁）；同7の論文（斎藤

一久名古屋大学准教授）（本書20〜22頁）；同 8 （平30.2.7名古屋高判の判示）（本書22〜24頁）；同 9 の論文（高作正博関西大学教授）（本書24〜26頁）

の各判事（2 人）、各執筆者（6 人）は、いずれも、意見、反対意見および各論文に照らして、「施行済の選挙が違憲状態か否か」の判断において、（施行済の選挙の投票価値の最大較差の縮小に寄与しない）**「国会の努力」**を考慮すべきでない、との立場から、本件裁判の事実関係の下で、「本件選挙（但し、選挙人数最大較差・1 対3.00）は、違憲状態または違憲」との意見であろう、と推察される。

1　**宮崎裕子**最高裁判事は、平成30年大法廷判決（衆）で、
「なぜならば，投票価値の平等という観点からみた選挙制度（定数配分及び選挙区割り）の合憲性という問題は，国会が選挙制度の立法に当たり憲法によって与えられた裁量権をどのように行使すべきかという問題と緊密に接するものであると同時に，選挙時点という断面において国民が行使する具体的権利としての投票権がその選挙において憲法の投票価値の平等の要求に適合するものであったかという国民の権利の「質」を問うものでもあるからである。前者の観点からは，下記3(1)で述べるように，本件区割規定にまだ反映されていない立法措置の内容も考慮し，時間軸を入れた観察に基づく動態的評価まで行って最終的な合憲性判断を行うことが適切である場合があるとしても，後者の観点からは，国民が衆議院議員選挙の投票権という権利を行使して享受することができるのは，具体的な選挙の時においてだけであること，そもそも法律の規定は実際の選挙に適用されない限り投票権を実際に行使する国民にとっては絵に描いた餅でしかないことを考えるならば，まずは，**実際の選挙時点という断面**において適用された定数配分及び選挙区割りに関する規定（本件選挙の場合は，本件区割規定がこれに当たる。）における具体的な投票権の内実が憲法の投票価値の平等の要求に適合する状態であ

ったかという点を判断の対象にすべきであると考える。そして，その判断においては，**実際に適用された選挙区割りにまだ反映されていない法律**（本件選挙の場合は，新区画審設置法3条1項及び2項がこれに当たる。）**の存在を考慮すべきではない。**

　　そして，私の考え方からすれば，旧区割基準に基づいて定数配分された都道府県に合理性のない要素を考慮したことによる投票価値の較差が実質的に生じていることが認められる場合には，「1人別枠方式を含む旧区割基準に基づいて配分された定数とアダムズ方式により各都道府県の定数配分をした場合に配分されることとなる定数を異にする都道府県が存在している」という事実は，本件選挙時点という断面において適用された本件選挙区割りは憲法の投票価値の平等の要求に反する状態であることを示すものというべきことになる。」（強調　引用者）

との意見を記述される（民集72巻6号1284～1285頁）。

　　即ち、宮崎判事は、選挙の選挙区割りが、投票価値の平等の要求に反するか否かの判断について、

「その判断においては，実際に適用された選挙区割りにまだ反映されていない法律（本件選挙の場合は、新区画審設置法3条1項、2項がこれに当たる。）**の存在を考慮すべきでない」**（強調　引用者）

との意見を明記する。「実際に適用された選挙区割りにまだ反映されていない法律（本件選挙の場合は、新区画審設置法3条1項、2項がこれに当たる。）」は、平成29年衆院選（小選挙区）の選挙区割りの投票価値の最大格差の縮小に**毫も寄与していない**のであるから、宮崎判事の当該意見は、全く正しい。

　　投票価値の最大較差が1対3.08から僅か1対3.00に縮小したにすぎない本件選挙の選挙区割りは、「それが違憲状態であるか否か」の判断において、**「国会の努力」**を考慮しなければ、違憲状態、と解される。

同記述に照らし、宮崎判事は、本件選挙の事実関係の下で、「本件選挙（但し、選挙人数最大較差・1対3.00）は、違憲状態」との意見であろう、と推察される。

　2　**毛利透**京大教授は、「判批」民商法雑誌142巻4・5号（2010年）462頁で、

> 「また、平成18年判決も本判決も、選挙時の投票価値較差の合憲性判断の一要素として、**選挙後の国会の取り組みを含めている。これは非常に奇妙な理由づけである。後から是正の努力をしたからといって、選挙時の較差が正当化されるわけはないはずであろう**[5]。」
>
> （強調　引用者）

> 「[5] 私は平成18年判決について、この点をとらえて「かなり無理やりの合憲判断」と評したことがあるが（『判例講義　憲法Ⅱ』222頁〔佐藤幸治・土井真一編、2010〕）、本批評ではより判例の理論内在的な見地からの理解を試みた。その他、参議院の定数不均衡問題について、平成18年判決と本判決をふまえて、私自身新たな見解をもつに至った箇所もある。」

と記述される。
　即ち、毛利教授は、

> 「**後から是正の努力をしたからといって、選挙時の較差が正当化されるわけはないはずであろう**」

と記述される。
　即ち、毛利教授は、**選挙時の違法性の判断に当って、選挙後の事情を考慮すべきではない**、との立場である。
　よって、毛利教授は、本件選挙の事実関係の下で、「本件選挙（但し、選挙人数最大較差・1対3.00）は違憲状態または違憲」との意見であろう、と推察される。

　(2)　毛利教授は、また、「毛利透・木下智史・小山剛・棟居快行『憲法

訴訟の実践と理論』（毛利透執筆）判時2408号（2019年）208〜210頁」で、「平成29年判決は、2か所の合区をも用いて最大較差を約3倍にまで縮小した定数配分規定について、合憲との判断を示した。しかも、平成21年判決などとは異なり、そもそも違憲状態にないと明確に判断している。平成24年、26年判決との相違としては、都道府県を単位とする選挙区制度をとること自体の合理性は否定されるべきものではないことが明言されている。この点につき、参議院の投票価値平等についての最高裁の態度が後退したのかどうか、議論の余地があるが、平成29年判決も、当該制度の合理性は「投票価値の平等の要請との調和が保たれる限りにおいて」のものであることをも明言している。また、同判決は直前2つの違憲状態判決の判示を要約しつつ、「参議院議員の選挙について、直ちに投票価値の平等の要請が後退してよいと解すべき理由は見いだし難」いとしており、平成24年判決で渡ったルビコン河を戻ろうという姿勢は示していない[36]。

　これら違憲状態判決でも、「著しい不平等状態」や「相当期間」という、参議院独自の判断基準は維持されていたのであり、判例は最大較差5倍の恒常化は許さないという姿勢を示しつつも、求める投票価値平等の内容については、参議院と衆議院の間の相違はやはり認めていたということになろう。平成29年判決は、参議院だからといって「直ちに」投票価値平等の要請が後退していいわけではないとの判示につづけて、二院制に関する「憲法の趣旨との調和」をも求めている。参議院にも衆議院と同様投票価値平等の要請は妥当するが、前者にはそれを薄めることを正当化する別の憲法上の事情がある。そうだとしても、もはや最大較差5倍は正当化できないのだが、衆議院と同等の平等が求められるわけでもない。違憲状態判決もこのような立場をとっていたと理解することは十分可能であろう。かつては、参議院への投票価値平等要求の説明においてこのような分節化はなされず、それが衆議院の場合より**相対化**されるという点のみが表面に出ていた。**平成24年判決以降は、参議院にもまずは衆議院と同じく投票価値平等の要求が妥当するというのが出発点**

であり、それは二院制の観点から相対化されうるが、それにも限度があると枠組みが明示されたということになる。具体的な較差の合憲性判断において、この出発点の重みが効いたのが、平成24、26年判決だったといえるのではないか。

二　平成29年判決以後の課題

　では、最高裁は、**この相対化は最大較差3倍程度まで許される**という立場をとったといえるのか。この点は、平成29年判決が違憲状態判決でないとしても、必ずしも明確ではない。判決（平成29年大法廷判決（参）　引用者　注）は、最大較差の数値とともに、国会が合区という「これまでにない手法」をとり、判例の「趣旨に沿って較差の是正を図った」こと、そして、平成27年改正法が附則で選挙制度の**抜本的見直しについて「必ず結論を得る旨を定め」**、較差の**「更なる是正に向けての方向性と立法府の決意」**を示していることなどの事情を考慮している。つまり、**違憲状態か否かの判断**において、**国会の努力**が評価の対象となっているのである。

　既述のとおり、衆議院では、較差是正に向けた国会の取組は、**「合理的期間」論**の場面で考慮されてきた。参議院についての平成21年判決では、国会の（選挙後まで含む）取組が合憲判断を導く要素として考慮されていたが、これは後の判決の説明によれば、違憲状態と違憲との区別を意図的にあいまいにした叙述の仕方であった。これに対し、平成29年判決は、違憲状態か否かの判断の段階で、国会の較差是正に向けた取組の「方向性」や「決意」を判断材料にするという態度を明確に示したことになる[37]。

　どうして、違憲状態か否かの判断の段階で国会の努力を考慮要素に入れたのか。最高裁は、最大較差約3倍なら合憲とするという立場をとったわけではないと言いたいのであろう。参議院についての最高裁の立場の厳格化をもたらしたのも、最大較差5倍という数値そのものというより、その**「常態化」**であった[38]。平成29年判決の立場からしても、<u>今後、国会が**自らの約束を反故**にし、現行の都道</u>

府県を単位とする選挙区制度に、ごく一部の合区以外には手直しを加えず、最大較差3倍程度が**「常態化」**するようなことになれば、それが**違憲状態**と判断される余地は十分あることになろう。

　ただし、このように**違憲状態判断の段階**ですでに**国会の取組が評価される**となると、違憲状態と違憲の区別は必然的に**あいまいになる**。また、私が平成21年判決から読み取った「客観的な較差指標の憲法判断全体における意義低下」が確定的に生じることになる。**このような判断枠組みでよいのか、疑問も生じる**ところである。

　最高裁は、衆議院の場合と同様、どの程度の最大較差が許されるのかについて自身の立場を明確には示さないという姿勢をとっている。特に参議院については、明確な線引きは非常に困難な作業だということは理解できる。だが、最高裁が国会に較差是正の継続的な努力を求める一方で、憲法上求められるゴールを示そうとしないという点は、やはり問題となる。参議院の場合には、国会が自ら示した基準もないし、最高裁の立場も衆議院についてよりもさらに不明確であるから、この問題性は一層大きい。」（強調　引用者）

36) 平成21年判決から平成26年判決までは、参議院の較差についての審査基準の定式化の後で、評価が実質的に厳格化している旨が付け加えられていた。平成29年判決では、この付記部分が審査基準を判示する箇所から離れ、先例の説明としてのみ記述されている。この点も、平成29年判決の「後退」と理解できなくはない。だが、この判示は従来最大較差5倍の常態化の指摘とセットでなされてきたので、それが約3倍に縮小した以上、一般論として判示するには及ばないとされたのではなかろうか。
37) 平成24、26年判決も国会の長年の怠慢を問題にしていたといえるが、人口異動による較差拡大の放置が違憲状態を招くという構図は、昭和51年判決以来見られたものである。
38) 櫻井・前掲注（26）518-20頁参照。」

と記述される。

ア　同記述のとおり、毛利教授は、
「平成29年判決の立場からしても、今後、国会が**自らの約束を反故にし**、現行の都道府県を単位とする選挙区制度に、ごく一部の合区

以外には手直しを加えず、<u>最大較差３倍程度</u>が**「常態化」**するようなことになれば、それが**違憲状態**と判断される余地は十分あることになろう。」（強調　引用者）

と明記される。

　同記述に照らし、毛利教授は、平成27年７月28日（平成27年改正法〈平成27年法律60号〉成立日）～令和２年10月頃（本件裁判〈上告審〉の口頭弁論終結時〈但し、仮定〉）迄の３年強の期間、最大較差３倍程度が、**「常態化」**していると認められる以上、本件選挙の事実関係の下で、「本件選挙（但し、選挙人数最大較差・１対3.00）は違憲状態または違憲」との意見であろう、と推察される。

イ　これに加えて、同記述のとおり、毛利教授は、「違憲状態判断の段階ですでに**国会の取組み**が評価されるとなると、（略）、**客観的な較差指標の憲法判断全体における意義低下」が確定的に生じることになる。このような判断枠組みでよいのか、疑問も生じるところである」**（強調　引用者）と意見を述べられる。選挙人らは、この点でも、毛利教授と同意見である。

　３　尾形健同志社大学教授は、
　　「しかし、<u>前記枠組み①の審査</u>は、本来、当該選挙における区割り等の憲法的要請との適合性に焦点が当てられるべきものであって、それは基本的には、<u>国会の主観的「努力」</u>というより客観的な評価に服すべきもののはずである。従来の判例にあたっては、「投票価値の平等」の要請の内実が憲法的要請として明確に位置付けられておらず[13]、「投票価値の平等」の要請は、「選挙制度の仕組みを決定する絶対の基準」ではないとされ（【判旨】(1)）、「一定の制度を選択した立法者にとっての自己拘束の原理」としての意味しかないのではないか、と評されてきた[14]。前記枠組み①の段階でも国会の主観的「努力」が評価される方向へと歩みを進めていることは、この

種の「自己拘束」が立法者自身の「努力」次第で緩和されうること
を許容し、最終的に、「投票価値の平等」の要請が空転しうること
も意味するように思われる。

　この点で、「投票価値の平等」の要請を憲法的要請として明示的
に位置付けることの重要性は、改めて銘記されるべきものであろう
（本判決の鬼丸裁判官・山本裁判官反対意見［1290頁・1295～1296頁参照］[15]）。
そして、宮崎裁判官の意見が指摘するように（1284～1285頁）、「投
票価値の平等」の要請に反する状態か否かは、「選挙時点という断
面」における選挙権の「質」を問うものである。**この点からいえば、
「実際に適用された選挙区割りにまだ反映されていない法律」の存
在を考慮することはできないというべきである**[16]**。」**（強調　引用者）

「[14] 安念潤司「いわゆる定数訴訟について」（2）成蹊25号（1987年）61頁、89
頁。渡辺康行「判批」判評637号158頁、160～161頁も参照。本判決は、憲法
上の投票価値の平等の要請と区画審設置法3条1項との関係につき、平成23
年判決において同規定は従来の判例で示された憲法適合性の判断基準に整合
的に解釈されることを前提とされていたこと、平成25年判決・同27年判決・
本判決では、同規定が憲法適合的に解釈されることを前提に、同規定の趣旨
に沿った選挙制度が実現されているか否かを主たる要素として検討している
ものとされる（日置・前掲注(1)222～223頁（注25））。
[15] 毛利ほか・前掲注(1)195頁、217～218頁（毛利執筆）。関連して、升永・前
掲注(1)「人口比例選挙」（その2）57頁参照。
[16] 野坂・前掲注(1)128頁。これは、投票価値の較差にかかる合憲性判断が
「諸要素の総合考慮」であることによるものとされる（日置・前掲注(1)
221～222頁（注22））。参議院議員選挙について最大判平29・9・27の木内道
祥裁判官の意見（「3」の箇所）も参照。この点は、投票価値の平等をめぐ
る訴訟の性格付けにも関わるように思われる。井上・前掲注(1)194頁、高
田篤「議員定数不均衡と選挙の平等」長谷部ほか編・前掲注(10)320頁、321
頁のほか、松本哲治「投票価値の平等と事前の救済」松井茂記ほか編『自由
の法理』（成文堂、2015年）393頁、409頁以下参照。」

と記述される（判例時報2433号〈判例評論734号〉167頁）。
　即ち、尾形健教授も、
　　「宮崎裁判官の意見が指摘するように（1284～1285頁）、「投票価値の
　　平等」の要請に反する状態か否かは、「選挙時点という断面」にお
　　ける選挙権の「質」を問うものである。**この点からいえば、「実際**

に適用された選挙区割りにまだ反映されていない法律」の存在を考
慮することはできないというべきである。」（強調　引用者）

との意見を明記されている。

　「**実際に適用された選挙区割りにまだ反映されていない法律**」は、平成
29年衆院選（小選挙区）の選挙区割りの投票価値の最大格差の縮小に毫も
寄与していないのであるから、尾形教授の当該意見は、全く正しい。

　同記述に照らし、同教授は、本件選挙の事実関係の下で、「選挙人数最
大較差・1対3.00たる本件選挙は、違憲状態」との意見であろう、と推察
される。

　4　木内道祥最高裁判事（当時）は、平成25年大法廷判決（衆）の反対
意見（民集67巻8号1550（68）頁）として、

　　「合理的期間内における是正の有無という前記②の段階の審査は，
　　当該区割りによる本件選挙の施行の根拠とされた区割規定が合憲か
　　否かの審査であるから，合理的期間内における是正がされたか否か
　　を判定する対象は，当該選挙時における区割りそのものの内容であ
　　り，**当該選挙後にその区割りを改める改正がされたからといって，**
　　そのことによって当該選挙時における区割規定の合憲性の判断が左
　　右されるものではない。」（強調　引用者）

と記述される。

　即ち、木内判事（当時）も、

　　「当該選挙後にその区割りを改める改正がされたからといって，そ
　　のことによって当該選挙時における区割規定の合憲性の判断が左右
　　されるものではない。」（強調　引用者）

との反対意見を明記される。

　「**当該選挙後**にその区割りを改める改正」（強調　引用者）法は、平成24年

衆院選（小選挙区）の選挙区割りの投票価値の最大格差の縮小に毫も寄与していないのであるから、木内判事（当時）の当該反対意見は、全く正しい。

　投票価値の最大較差が1対3.08から僅か1対3.00に縮小したにすぎない本件選挙の選挙区割りは、「それが違憲状態であるか否か」の判断において、**「国会の努力」**を考慮しなければ、「違憲状態」、と解される。
　同記述に照らし、木内判事（当時）は、本件選挙の事実関係の下で、「本件選挙（但し、選挙人数最大較差・1対3.00）は、違憲状態または違憲」との意見であろう、と推察される。

　5　武田芳樹山梨学院大学教授は、「0増5減の改正を経た衆議院小選挙区選出議員の選挙区割規定の合憲性」新・判例解説（法学セミナー）19号（2016）22頁で、

> 「選挙後に国会が較差是正のために行っている**努力**まで違憲審査の考慮要素とする手法については、「投票価値較差の合憲性を**立法者の努力**に大きく依存させるやり方の憲法解釈としての妥当性」を問題にする見解[4]がある。**選挙後に行われたいかなる取組も、選挙当時、現実に存在した較差の縮小には何ら寄与するはずがない。**また、国会が較差是正に向けた取組を続ける姿勢を示すだけで、違憲判断を免れるのだとすれば、国会の真摯な対応を促すことは難しいだろう。」（強調　引用者）

> 「[4]毛利透「公職選挙法14条、別表第3の参議院（選挙区選出）議員の議員定数配分規定の合憲性」民商142巻4＝5号（2010年）58頁、70頁」

と記述される。
　「選挙後に国会が較差是正のために行っている**努力**」（強調　引用者）は、平成26年衆院選（小選挙区）の選挙区割りの投票価値の最大格差の縮小に毫も寄与していないのであるから、武田教授の当該記述は、全く正しい。
　同記述に照らし、武田教授は、本件選挙の事実関係の下で、「本件選挙

の選挙の選挙区割り（但し、選挙人数最大較差・1対3.00）は、違憲状態又は違憲」との意見である、と推察される。

6　東川浩二金沢大学教授は、平成30年大法廷判決（衆）について、「最高裁のいうように、平成32年以降アダムズ方式が実施されれば、1人別枠方式の影響が完全に解消されるとしても、**その較差解消の効果は、将来に向かって現れてくるものである。言い換えれば、**較差解消に効果があるとされるアダムズ方式を、**なぜ直ちに全面実施しなかったのかということは合憲性の審査で問われるべきである。**

　　この点につき、最高裁は、実施延期の理由を「選挙制度の安定性を確保する」ためとしている。選挙制度の安定性自体は、行政区画の尊重であるとか、民意の的確な反映とか、これまで合憲的に考慮することができるとされてきた事項の一部であろう。しかし、**本件のように、既に違憲状態判決が積み重なっている状況においては、**そのような選挙区割りを安定的に維持することが、<u>立法裁量に含まれるのか</u>は<u>疑わしい</u>。いわんや、かつての選挙区割りを維持することが何らかの党派的利益によるものであれば、そのような実施延期は許されない[6]。加えて、**実施延期のため、未だ実現されていない較差解消の効果をもって、平成29年実施の本件選挙の有権者が被った投票価値の減少の問題が解決されるとも考えられない[7]。**したがって、未だ実施されていないアダムズ方式の採用をもって本件選挙区割りを合憲というのであれば、ここでも、将来に実現される利益が、現在の投票価値の平等という憲法的権利を上回ることを、最高裁は示すべきであった[8]。」（強調　引用者）

[6] この点につき、1人1票の原則を厳格に追求することで知られるアメリカ法でも、較差が違憲とされるのは、政治目的であえて較差を放置した場合であって、最小化それ自体が優先される訳ではないことは参考になる。最近でも、合衆国憲法が禁じる人種差別を選挙の場面でも禁止する投票権法を遵守するために、較差が最小の場合よりも大きくなる選挙区割りを合憲とした例がある。See Harris v. Arizona Independent Redistricting Commission, 136 S. Ct.1301（2016）.
[7] 名古屋高裁判決（違憲状態）では、実施延期の理由が検討され、<u>投票価値</u>

の平等を判断する上では、それらの理由は**さしたる意味をもたないとされて**
いる。斎藤一久「衆議院小選挙区選出議員の選挙区割規定の合憲性」新・判
例解説 Watch（法セ増刊）23号（2018年）39頁以下参照。
[8] 例えば本判決の宮崎裕子の意見は、仮に平成27年国勢調査の結果にアダム
ズ方式を**直ちに**適用した場合、都道府県単位であるが、最大較差が改善され
ると指摘している。」（強調　引用者）

と記述される（東川浩二『新・判例解説 Watch 憲法 No.1』日本評論社11頁）。

　ここで、東川教授は、

　　「実施延期のため、**未だ実現されていない較差解消の効果**をもって、
　　平成29年実施の本件選挙の有権者が被った投票価値の減少の問題が
　　解決されるとも考えられない[7]。」（強調　引用者）

と指摘する。

　即ち、東川教授は、実際に実施済の選挙区割りが違憲状態か否かの判断
につき、爾後の選挙に適用される国会の立法または**「国会の立法努力」**が
影響を与えるとは、考えられない、と解しておられる。

　投票価値の最大較差が1対3.08から僅か1対3.00に縮小したにすぎない
本件選挙の選挙区割りは、「それが違憲状態であるか否か」の判断におい
て、東川教授の当該記述に沿って、**「国会の努力」**を考慮しなければ、違
憲状態、と解される。

　同記述に照らし、東川教授は、本件選挙の事実関係の下で、「本件選挙
（但し、選挙人数最大較差・1対3.00）は、違憲」との意見であろう、と推察さ
れる。

　7　斎藤一久名古屋大学准教授は、平30.2.7名古屋高判（平29（行ケ）
1号）について、

　　「さらに2011年最高裁大法廷判決の「立法裁量の過程統制的手法を
　　貫けば、たとえ投票価値の較差が2倍未満であっても、裁量過程が
　　不適切であるとして憲法の要求に反する状態と判断される可能性が

ある」[8]との指摘がなされており、いわゆる立法裁量の判断過程統制の手法によって、「当然考慮に入れるべき事項を考慮に入れず、又は考慮すべきではない事項を考慮し、又はさほど重要視すべきではない事項に過大な比重を置いた判断がなされていないか」が審査されるべきであるという主張もある[9]。**本判決も、最高裁大法廷判決**の趣旨は較差が２倍未満だからといって国会の広範な裁量に属するわけではないという前提の下、**とりわけアダムズ方式による再配分の延期理由**という考慮すべきではない事項を考慮しているか、または**このような「さしたる意味を持たない」**事項に過大な比重を置いて判断しているとして、**違憲状態**との結論に至ったと考えられる。

三　１人別枠方式の影響の残存

　本判決は、2016（平成28）年及び2017（平成29）年改正によって、「正に本件各大法廷判決が促していた投票価値の較差を縮小する制度の見直しを実現しようとしたもの」と評価し、１人別枠方式から完全に脱却していると捉えている。また合憲と判断した多くの高裁判決も、2016年及び2017年改正によって、１人別枠方式の影響は残存していないと判断している[10]。

　しかし１人別枠方式の影響が残存していないと判断した理由として、合憲と判断した多くの高裁は最大較差が２倍未満となったことを挙げているのに対して、本判決はアダムズ方式による再配分を挙げており、**本判決ではその延期により、それが実施されるまでは「１人別枠方式の構造上の問題点は解消されていなかったといわざるを得ない」**としている。

　本判決でも指摘するように、本件選挙時の最大較差1.979が２倍をほんの僅かしか下回ったに過ぎない以上、単純に２倍未満となったことで、１人別枠方式の影響が残存していないと判断されるべきではなく、また**アダムズ方式による再配分の延期**も立法裁量として簡単に片づけられるべきではない。」（強調　引用者）

「[8]安西文雄・別冊ジュリ憲法判例百選Ⅱ〔第６版〕（2013年）339頁。

9)最大判平16・1・14民集58巻1号56頁の補足意見2。立法裁量の判断過程
統制について、新井誠・法時83巻7号（2011年）1頁以下、篠原永明・論叢
175巻5号（2014年）109頁以下、山本真敬・下関61巻3号（2018年）83頁以
下参照。
10)福岡高那覇支判平30・1・19（公刊物未登載、LEX/DB25549257）、仙台高
秋田支判平30・1・30（公刊物未登載、LEX/DB25549285）、名古屋高金沢
支判平30・1・31（公刊物未登載、LEX/DB25549287）、仙台高判平30・2・
5（公刊物未登載、LEX/DB25549378）、福岡高判平30・2・5（公刊物未
登載、LEX/DB25449233）、札幌高判平30・2・6（公刊物未登載、LEX/
DB25549236）」

と記述される（斎藤一久「衆議院小選挙区選出議員の選挙区規定の合憲性」
新・判例解説 Watch「憲法 No.8 （法セ vol.23 2018.10）42頁)。

　同准教授は、アダムズ方式による再配分の延期（即ち、「平成28年改正
法」および「平成29年改正法」により、アダムズ方式による議員定数の再配分
が、令和2年の大規模国勢調査の実施以降に延期されたこと）は、施行済の当
該選挙の選挙区割りの最大較差の縮小に「さしたる意味を持たない」事項
でしかないので、当該選挙の合憲性の判断に当って、考慮すべきではない、
と解されている。

　従って、同准教授は、本件選挙の事実関係の下で、「本件選挙（但し、選
挙人数最大較差・1対3.00）は、違憲状態または違憲」との意見であろう、と
推察される。

8　平30.2.7名古屋高判（裁判長藤山雅行、裁判官朝日貴浩、同金久保茂）
は、同判決文の19〜20頁で、

　「なお、**アダムズ方式の導入が平成32年の大規模国勢調査からとさ
れた理由**については，平成28年改正法の提出者において，①成立し
た法律をあえて遡及適用することは例外的であり，アダムズ方式を
導入するのは平成32年の大規模国勢調査以降とするのが自然である
こと，②仮に平成22年の大規模国勢調査に基づいてアダムズ方式を
導入した場合，平成27年の簡易国勢調査の結果に基づいてアダムズ
方式を導入した場合とで議席配分結果に違いが生ずるなど，古い国
勢調査の結果である平成22年の大規模国勢調査の数値を用いる合理

性があるとはいえないこと，③平成22年の大規模国勢調査の結果が
出てから既に２回の衆議院議員総選挙を経ているにもかかわらず，
同国勢調査の結果を用いて新たに議席を配分し直すとするならば，
それにより従前と異なる議席を配分された都道府県の選挙人を中心
に，これら２回の総選挙の正当性や選挙された議員の地位に対し疑
念を抱かせることになるという問題があること，④４年後には次の
大規模国勢調査が控えており，立て続けに都道府県への議席配分の
見直しを行うこととなり，選挙制度の安定性に欠けるという問題が
ある旨の答弁がされたことが認められる（乙11の１，乙12の２）。<u>し
かし，**これらの理由**は，アダムズ方式の導入を直ちに実現するので
なく，導入時期が先になってしまうことの説明としては一理あるも
のの，国会が具体的な選挙区を定めるに当たって考慮することの合
理性が肯定されるところの，都道府県を細分化した市町村その他の
行政区画などを基本的な単位とした，地域の面積，人口密度，住民
構成，交通事情，地理的状況などの諸要素に関するものではないの
であって，１人別枠方式が解消されているか否かや，選挙区割りが
憲法の投票価値の平等の要求に反する状態に至っていたか否かを判
断する上では，**さしたる意味を持たない**。」</u>（強調　引用者）

と記述する。

　即ち，同名古屋高判は，【アダムズ方式の導入が遅れたことは、「１人別
枠方式が解消されているか否かや、選挙区割りが憲法の投票価値の平等の
要求に反するに至っていたか否かを判断する上では、**さしたる意味を持た
ない**」（強調　引用者）と判示する。

　アダムズ方式の導入が遅れたことは、同選挙につき「１人別枠方式が解
消されているか否かの選挙区割りが憲法の投票価値の要求に反するに至っ
ていたか否かを判断する上では、**さしたる意味を持たない**」（強調　引用者）
との当該判示は、全く正しい。

　当該判示に含まれる判断基準に照らせば、「国会の努力」を考慮して、
平成28年参院選（選挙区）の選挙区割りは違憲状態でないと判断した、平

成29年大法廷判決（参）の判断枠組みは誤っている、と解される。

　同記述に照らし、平30.2.7名古屋高判の裁判官は、本件選挙の事実関係の下で、選挙人数最大較差・1対3.00たる本件選挙は、違憲状態」との意見であろう、と推察される。

　9　**高作正博**関西大学教授は、高作正博「最新判例批評」判例時報2265号（判例評論680号）136頁で、平成26年大法廷判決（参）について、

> 「第二に、国会の裁量判断が相当であったかについて、立法過程に立ち入って判断が為されている点である。選挙制度の仕組み自体の見直しには相応の時間を要し、諸々の手続や作業が必要であるが、本件では、①基準日から本件選挙までの期間は「約9か月にとどまる」こと、②「改革の方向性に係る各会派等の意見は区々に分かれて集約されない状況にあったこと」、③基準日から本件選挙までの間に平成24年改正が成立し、本件選挙後も検討が行われてきていることから、「国会の裁量権の限界を超えるものということはできない」と判断された。制度の見直しに要する協議・調整・時間等を重視し、平成24年大法廷判決後の対応を「高く評価されるべき」（千葉勝美裁判官の補足意見参照）とする態度は、「憲法秩序の下における司法権と立法権との関係」からは適切なものと映るのかもしれない。しかし、検討さえ続けていれば、暫定的措置と抜本的改革の先送りを繰り返すものであっても違憲とは評価されないこととなり、格差是正は実現され得ない。制度の仕組み自体の見直しがなされなければ、国会の裁量権を超えるものと解すべきであろう（大橋正春裁判官の反対意見）。また、本判決で、「本件選挙後」の検討が合理的期間を経過していない事情として考慮されている点にも違和感が残る。**選挙時点での違憲性を検討すべき判断において、選挙後の事情を考慮すべきではなかったのではないか。**千葉勝美裁判官の補足意見は、国会における「較差是正の姿勢」の裏付けとなる「間接的な事情として参酌される」と指摘する。**取消訴訟における違法判断の基準時については処分時説が判例・多数説である**（高田敏編『新版行政法』

（有斐閣、2009年）294頁参照）ことと比較すると、投票価値の平等を後退させるほどに重視すべき用途とは考えられない。

　　四　本判決後に引き継がれる課題

　　本判決は、**選挙制度の仕組み自体の見直しを強く求める判断を示した**【判旨】④）。千葉勝美裁判官の補足意見が指摘するように、これは、「単なる注意喚起ではなく」、国会に対して「憲法上の責務を合理的期間内に果たすべきことを求めたもの」であり、違憲状態の指摘から合理的期間内での是正義務へと踏み込んだものといえる。これは、次回の選挙の際に格差是正が為されない場合に、さらに一歩踏み込む予示として理解されうる。」（強調　引用者）

と記述される。

(1)　同教授は、上記のとおり、

「**選挙時点での違憲性を検討すべき判断において、選挙後の事情を考慮すべきではなかったのではないか。**」（強調　引用者）

と記述され、

　即ち、高作教授は、「選挙時点での違憲性を検討すべき判断において、選挙後の事情を考慮すべきではな（い）」とされ、「取消訴訟における**違法判断の基準時**については、処分時説が判例・多数説である」と付言される。

　同記述に照らし、高作教授は、「**選挙時点での違憲性を検討すべき判断において、選挙後の事情を考慮すべきではな（い）**」という立場である。

　よって、高作教授は、本件裁判の事実関係の下で、「本件選挙（但し、選挙人数最大較差・1対3.00）は、違憲」との意見であろう、と推察される。

(2)　更に言えば、同記述に示すとおり、同教授は、参院選の選挙制度の仕組み自体の見直しが必要であるという立場に立っておられる。

　従って、同教授は、本件選挙では、43都道府県において、都道府県が選挙区の単位として従来どおり、維持されて、選挙制度自体の見直しがなさ

れなかった以上、本件裁判の事実関係の下で、本件選挙（但し、選挙人数最大較差・1対3.00）は、違憲との意見であろう、と推察される。

② （本書26〜36頁）

> 下記10〜15（本書26〜36頁）の各論文の執筆者（6人）は、同論文に照らして、【「国会の努力」を考慮して、実施済の選挙の選挙区割りを違憲状態でないとする判断】は、疑問である。および／または「合理的期間」論は、疑わしい。よって、本件選挙の事実関係の下で、「本件選挙（但し、選挙人数最大較差・1対3.00）の選挙区割りは、違憲状態または違憲である」】との意見であろう、と推察される。

10(1) 　**工藤達朗**中央大学教授は、工藤達朗「公職選挙法14条、別表第3の参議院（選挙区選出）議員の議員定数配分規定の合憲性」民商法雑誌法2018年522〜523頁で、

> 「そうであれば、本判決（平成29年大法廷判決(参)　引用者注）の判断枠組みが問題になる。というのは、平成26年判決は、①当該定数配分規定の下での選挙区間における投票価値の不均衡が、違憲の問題が生ずる程度の著しい不平等状態に至っているか否か、②**上記の状態に至っている場合に、**当該選挙までの期間にその是正がされなかったことが国会の裁量権の限界を超えるとして当該定数配分規定が憲法に違反するに至っているか、といった判断の枠組みを前提とした審査を行ってきたという。このような段階的な判断枠組みは衆議院議員選挙の場合と共通である。この判断枠組みでは、①の段階で較差が違憲状態であるか否かを客観的に判断し、違憲状態と判断された場合に、②の段階で是正に向けての国会の取り組みを考慮に入れて、裁量権の限界を超えているかを審査することになる。**ところが本判決は、①の段階で国会の決意表明や選挙後の取り組みを違憲状態か否かの考慮要素としている。①と②の審査が相対化している**[21]。これは**判断枠組みの変更のようにも思われる。**ただし、定数

不均衡の判断枠組みは衆議院議員選挙と参議院議員選挙でもともと異なっており、平成26年判決がはじめて衆議院議員選挙の枠組みを取り入れたとの指摘もある[22]。それによれば、本判決はもとの判断枠組みに回帰したにすぎないことになろう。

　また、判決は合憲・違憲の客観的基準（較差指標）を示さない。そして本判決は①と②の区別をも**相対化**した全体的な総合判断となっている。このような判決手法が国会との「対話」を通じて是正を進める上で有効だとの判断によるのかもしれないが、裁判所という国家機関の性格を考えると**疑問の余地がないわけではない**[23]。」（強調　引用者）

[5] 園部逸夫『最高裁判所十年』（有斐閣、2001年）88頁、94頁以下（最大判平8・9・11の意見）にも収録されている。園部意見については、棟居快行「参議院議員定数配分をめぐる近時の最高裁判例」レファレンス65巻7号（2015年）9頁注(8)参照。
[21] 「齊藤愛「判批」法教450号（2018年）47頁。
[22] 棟居・前掲注5）13〜4頁、同「判批」平成29年度重判解（ジュリ1518号）8頁参照。
[23] 私は以前、最高裁が政治的ゲームにプレーヤーとして参加していることになるのではないか、と疑問を述べたことがあるが（平成27年度重判解〔ジュリ1492号〕9頁、高橋和之『立憲主義と日本国憲法〔第4版〕』（有斐閣、2017年）174頁も、「裁判所の側では判決に対する国会の反応を見ながら少しずつ要求水準を高めることを予告し、国会の側でも裁判所の対応を見ながら可能な限り改正を先送りするという態度で応じ、あたかも最高裁と国会の間でパワー・ゲームを行っているかの観さえ呈するに至っている。政治と一線を画し、政治を法により枠づけることを使命とする裁判所としては、避けるべき応答の仕方である」と指摘している。」

と記述される。

　即ち、工藤教授は、平成29年大法廷判決（参）の2段階の判断枠組みの①段階と②段階の審査を**相対化**して、①の段階で、②の段階の考慮要素である国会の努力を考慮して、「選挙は違憲状態でない」との判断を導く判断手法は、**「疑問の余地がないわけではない」**としている。

　同記述に照らして、同教授は、本件選挙の事実関係の下で、「本件選挙（但し、選挙人数最大較差・1対3.00）は、違憲」との意見であろう、と推察される。

(2) 工藤達朗中央大学教授は、また、

「しかし、現在の政治においては、**参議院は強力である**（場合によっては強すぎる）ことがはっきりと認識されるようになった。例えば、ある政党が衆議院議員選挙で単独過半数を獲得しても、参議院の構成によっては他の政党と連立政権を組まざるを得ない。「参議院選挙が政権の構成を変える力をもち、それどころか、政権選択の場にさえなってしまっている」[15]のである。これでは、たとえ衆議院議員選挙において投票価値の平等が完全に実現されたとしても、**国民意思を忠実に反映した選挙の結果が参議院によって修正され歪められてしまう。政治の民主的正統性が失われてしまうのである。**

　ここでとりうる手段は、①**強い参議院の権限を前提として、参議院の構成を民主化（投票価値の平等を厳格に要求）する**か、②**参議院の権限を削減し、そのかわり地域代表を含む多様な構成を認めるか**の**二者択一**である。②の権限削減には憲法改正が必要である[16]から、憲法改正なしの憲法解釈によって可能なのは①の手段しかあり得ない。判例や学説が参議院に投票価値の平等を強く求めるようになったのは、このような事情によるものであろう[17]。本判決も参議院と衆議院の権限が立法をはじめとする多くの事柄でほぼ等しいとの認識から出発している（【判決理由】(2)参照）。」（強調　引用者）

[15] 大山礼子『日本の国会』（岩波新書、2011年）183頁。なお、「強い参議院」は2007年の参議院議員選挙によって登場したといわれることが多いが、それ以前から、「実際の参議院は実は大変強力な存在です」といわれていた（浅野一郎編『国会入門』〔信山社、2003年〕271頁）。

[16] 自由民主党憲法改正推進本部が2017年12月20日に発表した「憲法改正に関する論点取りまとめ」では、優先的検討項目の一つとして「合区解消」があげられている。けれども、参議院の権限の削減には手をつけていない。本文の二者択一を考慮していない点で一面的であろう。

[17] 只野雅人「判批」論ジュリ34号（2018年）203頁。あわせて、同「両院制と選挙制度」論ジュリ5号（2013年）70頁。」

と記述される（同論文520〜521頁）。

　即ち、工藤教授は、

「②の権限削減には憲法改正が必要である[16]から、憲法改正なしの

憲法解釈によって可能なのは①手段、（即ち、「①強い参議院の権限を前
提として、参議院の構成を民主化（**投票価値の平等を厳格に要求**）する」
（強調　引用者）という手段。引用者注）**しかあり得ない**」（強調　引用者）

と明言する。

　即ち、同教授は、衆院選（小選挙区）も参院選（選挙区）も、ともに投
票価値の平等が厳格に要求される、と解されている。同教授は、本件選挙
（参院選〈選挙区〉）の選挙区割りの選挙人数最大較差（１対3.00）が、衆院
選（小選挙区）のそれ（１対1.98、但し、平成28年衆院選〈小選挙区〉の時点。国
の意見書70頁）（以下、「１対1.98」ともいう）に劣後する以上、本件選挙の事
実関係の下で、「本件選挙（但し、選挙人数最大較差・１対3.00）は、違憲状態
または違憲」との意見であろうと、推察される。

(3)　これに加えて、工藤達朗教授は、

　　　「私自身は、**合理的期間論には疑問があり**、違憲状態であれば違憲
　　判決を下すべきだと考えるが、違憲と無効を切り離した違憲宣言
　　（違憲確認）判決は、平等や社会権に関する判決手法として有用だ
　　と考えている[17]。」（強調　引用者）

　　　　[17]最高裁の違憲状態判決と違憲判決には、判決の効力から見ると差がないと
　　　いう点について、工藤達朗「判批」重判解（平27年度）（2016年）９頁。」

と記述される（工藤達朗「衆議院議員選挙と投票価値の平等」判時2383号135
頁）。

　即ち、工藤教授は、**「合理的期間論には疑問」**がある、とされる。

11　**齊藤愛**千葉大教授は、「平成28年参議院議員選挙と投票価値の平等」
法学教室 No.450　2018年３月46〜47頁で、

　　　「参議院の議員定数不均衡に関して，最高裁は，これまで，昭和58
　　年４月27日大法廷判決（民集37巻３号345頁，以下「昭和58年判決」）
　　以来，①人口の異動が「当該選挙制度の仕組みの下において投票価

値の平等の有すべき重要性に照らして到底看過することができないと認められる程度の投票価値の著しい不平等状態を生じさせ」，かつ，②「それが相当期間継続して，このような不平等状態を是正するなんらの措置を講じないことが……複雑かつ高度に政策的な考慮と判断の上に立って行使されるべき国会の裁量的権限に係るものであることを考慮しても，その許される限界を超えると判断される場合に，初めて議員定数の配分の定めが憲法に遠反するに至る」との判断基準を採用してきた[1]。これは，衆議院の定数問題で昭和51年4月14日大法廷判決（民集30巻3号223頁，以下「昭和51年判決」）において示された二段階の判断基準と基本的に同様のものであると考えられる。本判決では，上記①について「投票価値の不均衡は，違憲の問題が生ずる程度の著しい不平等にあったものとはいえ〔ない〕」とされたため，②については明確には示されていない。しかしながら，**本判決において，①を判断する際に，国会が平成26年判決を受けて較差是正に向けて抜本的な改革に着手してきたことや，また，今後も投票価値の是正に向けてさらなる検討を続けていくという方向性を示していることなどの要素が加味されており，そのような意味で，①と②の区別は相対的なものになっているように思われる。」**（強調　引用者）

> 「[1]ただし，平成18年判決、平成21年判決などは、①②の区別なく、一元的に立法裁量の範囲内か否かを判断しているかのようにも見える。市川正人「平成25年参議院議員選挙と『一票の較差』」平成26年度重判解（ジュリ1479号）9頁。」

と記述される。

即ち、齊藤愛教授は、「**本判決において、……①と②の区別は相対的なものになっているように思われる。**」と指摘し、平成29年大法廷判決（参）の採用した、選挙が違憲状態であるか否かについての判断枠組みに疑問符を付される。

同記述に照らして、同教授は、本件選挙の事実関係の下で、「本件選挙（但し、選挙人数最大較差・1対3.00）は、違憲」との意見であろう、と推

察される。

(2) 更に、同論文50頁は、同参院選（選挙区）について、

「選挙権という権利の平等という点に鑑みれば、**1対1を基本原則とすべきであろう。**」（強調　引用者）

と記述される。

　同記述に照らして、齊藤愛教授は、本件選挙の選挙人数最大較差は、1対3.00であり、1対1でないので、本件選挙の事実関係の下で、「本件選挙（但し、選挙人数最大較差・1対3.00）は違憲」との意見であろう、と推察される。

12(1)　**佐々木雅寿北海道大学教授『衆議院「投票価値の較差」判例の転換点』論究ジュリスト29号（2019春）41頁**は、平成30年大法廷判決（衆）についてではあるが、

「**違憲審査の基準時**は問題となる**選挙時**と解されるが、**選挙後の事情**を考慮することは、これまでは**合理的期間**の審査を合憲判断に導く要素として作用してきた。」（強調　引用者）

と記述される。

　佐々木教授は、ここで、【選挙が違憲状態か否かの判断として、平成30年大法廷判決（衆）が**選挙後の事情**を考慮したこと】は、**合理的期間**の審査を合憲判断に導く要素を、新たに、【選挙の選挙区割りが違憲状態に該当するか否かの判断】の中に持ち込んだ】と鋭く指摘される。

　選挙人らは、この点で、佐々木教授と同意見である。

(2)　更に、同論文42頁は、平成30年大法廷判決（衆）について、

「衆議院議員選挙における投票価値の較差に関しては、これまで最高裁と国会との間に継続的対話が行われてきた[21]。この点、平成27年判決の千葉補足意見は、投票価値の較差の更なる縮小に向けた司

法部と立法府との「緊張感を伴う相互作用が行われている」、両者の間で「いわば実効性のあるキャッチボールが続いている状況」にあり、「司法部としては、選挙を無効とする等の対応を採るのではなく、この相互作用が早期に実りある成果を生むようにしっかりと見守っていくことが求められる」と説示する。

　筆者は「建設的な対話を実現するためには最高裁のより踏み込んだ**違憲判断**が**不可欠**」と考え[22]、また最高裁の見守る姿勢に批判的な評価もある[23]。」

「[2]佐々木雅寿「衆議院小選挙区制の下での最高裁と国会との継続的対話」岡田信弘ほか編『憲法の基底と憲法論』（信山社、2015年）767頁〜768頁参照。」
「[18]武田芳樹・速判解（法セ増刊）19号（2016年）22頁。」
「[21]佐々木・前掲注2）779頁。
[22]佐々木雅寿「平成26年衆議院選挙と投票価値の平等」法教430号（2016年）127頁
[23]武田・前掲注18）22頁。」

と記述される。

　即ち、同教授は、「建設的な対話を実現するためには最高裁のより踏み込んだ**違憲判断**が**不可欠**」との意見である。

　選挙人らも、同教授の「建設的な対話を実現するためには最高裁のより踏み込んだ**違憲判断**が**不可欠**」の意見と同じ意見である。

　上記(1)および(2)の各記述に照らして、佐々木雅寿教授は、本件選挙の事実関係の下で、「本件選挙（但し、選挙人数最大較差・1対3.00）は、違憲状態または違憲」との意見であろうと、推察される。

13　原田一明立教大学教授は、平成30年大法廷判決（衆）について、
　　「しかし、**立法内容の憲法適合性審査に際して、国会の努力という主観的要素**に重きをおいて裁量権の当否を判断することが**果して妥当なのか**、まずは、選挙区間の人口較差が国民の権利を侵害しないとする理由が厳しく問われるべきとの**批判**は本件多数意見に対しても妥当するように思われる（泉・後掲174-175頁、林裁判官の意見、鬼

丸裁判官の反対意見も参照）。」（強調　引用者）

　「【参考文献】只野雅人『代表における等質性と多様性』、泉徳治『一歩前へ
　出る司法』」

と記述される（原田一明「衆議院定数不均衡大法廷判決」「最高裁平成30年12
月19日大法廷判決」法学教室 Apr. 2019　131頁）。

　この原田一明教授の批判は、平成29年大法廷判決（参）についても、同
様に当てはまると解される。

　同記述に照らして、同教授は、立法内容の憲法適合性審査に際して、国
会の努力という主観的要素の混入は回避さるべきとして、本件選挙の事実
関係の下で、「本件選挙（但し、選挙人数最大較差・１対3.00）は、違憲状態又
は違憲」との意見であろう、と推察される。

　14　棟居快行専修大学教授は、棟居快行「平成28年参議院選挙と「一票
の較差」」ジュリスト1518号９頁で、

　「　── 判旨 ──

　上告棄却。

　（i）　都道府県を単位とすることについて「平成24年大法廷判決及
　び平成26年大法廷判決は，……都道府県という単位を用いること自
　体を不合理なものとして許されないとしたものではない。」

　（ii）　平成27年改正による合区の導入について「この改正は，……
　これまでにない手法を導入して行われたものであり，これによって
　選挙区間の最大較差が上記の程度にまで縮小したのであるから，同
　改正は，……平成24年大法廷判決及び平成26年大法廷判決の趣旨に
　沿って較差の是正を図ったものとみることができる。また，平成27
　年改正法は，その附則において，次回の通常選挙に向けて選挙制度
　の抜本的な見直しについて引き続き検討を行い必ず結論を得る旨を
　定めており，……再び上記のような大きな較差を生じさせることの
　ないよう配慮されているものということができる。」

　（iii）　本件不均衡は違憲状態とはいえない　「以上のような事情を

総合すれば，本件選挙当時，平成27年改正後の本件定数配分規定の下での選挙区間における投票価値の不均衡は，違憲の問題が生ずる程度の著しい不平等状態にあったものとはいえず，本件定数配分規定が憲法に違反するに至っていたということはできない。」

（略）

── 解説 ──

（略）

　平成26年判決は，従来の枠組みのうち，①違憲の問題が生じる程度の較差の著しい不平等が存在する場合であっても，②選挙までに是正されなかったことが国会の裁量権の限界を超えるかをさらに判断する，という二段構えの②の段階を実際には主眼として，「憲法の予定している司法権と立法権との関係」を持ち出していた。その結果，「国会における是正の実現に向けた取組」が，直近の司法判断（これは要するに一つ前の選挙についての最高裁大法廷判決において出された注文のことである）を踏まえた裁量権行使として相当とみなしうるかという一点に，裁量統制のポイントが絞られることになる。これはすなわち，一つ前の選挙についての最高裁の注文を今回の選挙までに国会がどう誠実にこなそうとしたかを②で判断するということであり，最高裁の誘導に乗って進んでいるかぎり，②で裁量権の逸脱をいわれる心配は国会としても抱く必要はない。平成26年判決が描いた「司法権と立法権との関係」は，かくして司法が度重なる大法廷判決を通じて立法を誘導しながら制度を漸進させるものであった。

3　本判決の意義

　以上の判例の展開，ならびに1対3という最大較差への減少という前提条件から素直に予想しえた判決の内容は，本判決自身よりもむしろ違憲状態判決を下した前出の一審東京高裁判決の方であろう（なお平成28年選挙に対する各地の高裁判決計16件は，本件一審判決などの違憲状態判決10件と，本件最高裁判決と同様の合憲判決6件に分かれていた）。1対3にまで較差が改善されたのは，この間の最高裁判

決によるところが大きく，国会の自発的な是正努力によるとは言い難かったので，**違憲状態判決**で今後の努力を担保しておくことが今回の判決にも要請されたところであった。ところが本判決（平成29年大法廷判決（参）。引用者注）は，<u>平成26年判決の枠組みであればそこを主眼にしたであろう②の段階ではなく，その手前の①の段階で，違憲状態でさえないとして合憲の結論を下した。</u>たしかに最大較差が1対3にとどまる点を見れば，「著しい不平等」を否定することも可能であろう。しかしながら，判旨(ⅱ)で述べているように，本判決は平成27年改正法の附則が平成31年選挙までの「選挙制度の抜本的な見直し」を予定していることなども考慮に入れているのであるから，**むしろ②の段階において合憲（違憲状態であるものの立法裁量の逸脱はない）という判断を下すほうが，筋が通る**はずである。論旨の順番としても，判旨(ⅱ)で立法裁量を論じたのちに判旨(ⅲ)で違憲状態でなかったとするのは**逆転**している。」（強調　引用者）
と記述される。

　同記述に照らし、同教授は、平成29年大法廷判決（参）の平成28年参院選（選挙区）の選挙区割りは、違憲状態ではない旨の判断に反対であり、本件選挙の事実関係の下で、「選挙人数最大較差・1対3.00であった本件選挙の選挙区割りは、違憲状態または違憲」との意見であろう、と推察される。

15　山本真敬新潟大学准教授『投票価値較差訴訟の諸論点』法律時報91巻5号（2019）15頁は、平成29年大法廷判決（参）と平成30年大法廷判決（衆）の双方についての議論として、

　　　「もっとも、**違憲状態か否かの判断で立法者の努力を評価する**場合、違憲状態の有無の段階では憲法と法律の規範内容の抵触を審査し**合理的期間論で立法者の努力**を審査するという従来の枠組みに比して、**「違憲の主観化」**の程度がヨリ大きい。<u>すなわち、憲法の投票価値の平等という規範内容と公選法の区割という規範内容との抵触を確</u>

認し、かつ合理的期間内の立法者の努力が存在しないときに違憲とする従来の枠組みでは、規範内容間抵触が憲法と法律の各実体内容だけから判断されるステップが一応存在する。これに対し、違憲状態の判断において**立法者の努力**を評価する場合、規範内容間抵触の有無の判断に**立法者の努力**という変数を**混入**することで憲法および法律の各実体内容の意味が直ちに**相対化**されることになる。そのことの問題性をどう考えるべきかが改めて問われる[16]。」（強調　引用者）

「[16] 参照、毛利透「判批」民商142巻4・5号（2010年）462頁、工藤達朗「判例詳解」論ジュリ4号（2012年）96頁。合理的期間論では立法者の努力が正面から問われており、違憲状態の判断でも立法者の努力を問う場合、評価の仕方次第では違憲状態の判断で評価した立法者の努力を**合理的期間論で二重評価する**ことにもなり得る（さらに選挙無効か否かの判断でも立法者の努力を評価すれば三重評価になり得る）ので、各判断段階で何を考慮要素とすべきか問題となる。」（強調　引用者）

と記述される。

即ち、山本真敬准教授は、【平成29年大法廷判決（参）と平成30年大法廷判決（衆）の判断枠組みは、違憲状態か否かの審査の段階で、立法者の努力の有無を問うており、合理的期間論でも、立法者の努力の有無を問うことになると、立法者の努力を**「二重評価する」**ことになり得る、と疑問符を付されている。

選挙人ら（原告ら）も、平成29年大法廷判決（参）と平成30年大法廷判決（衆）に対し、同じ疑問を有している。

同記述に照らして、山本真敬准教授は、本件選挙の事実関係の下で、「本件選挙（但し、選挙人数最大較差・1対3.00）は、違憲状態または違憲」との意見であろうと、推察される。

③（本書36〜71頁）

同下記**16〜47**（本書37〜71頁）の32個の論文等の執筆者（**33人**〈但し、岩井伸晃最高裁判所調査官は、**46〜47**（本書68〜71頁）の2論文の共執筆者であ

る。〕）は、下記**16～47**（本書37～71頁）記載の各論文等に照らして、本件選挙の事実関係の下で、「**本件選挙（但し、投票価値の最大較差・1対3.00）は、違憲状態または違憲である**」との意見であろう、と推察される。

16　松本和彦大阪大学教授は、松本和彦「参議院議員定数不均衡訴訟最高裁平成29年9月27日大法廷判決」法学教室2018年1月号 No.448　123頁で、

「【解説】

　最高裁は，平成24年大法廷判決及び平成26年大法廷判決において，参議院の定数配分規定が違憲状態にあると判示し，国会に対して，単に一部の選挙区の定数を増減するにとどめず，「**都道府県を各選挙区の単位とする選挙制度の仕組み**」自体を見直すよう警告していた。これを受け，平成27年改正法は「4県2合区を含む10増10減」の改正を行った。その結果，これまで5倍前後で推移してきた最大較差は本件選挙当時で3.08倍に縮小した。

　最高裁は従来，「①当該定数配分規定の下での選挙区間における投票価値の不均衡が，違憲の問題が生ずる程度の著しい不平等状態に至っているか否か，②上記の状態に至っている場合に，当該選挙までの期間内にその是正がされなかったことが国会の裁量権の限界を超えるとして当該定数配分規定が憲法に違反するに至っているか否かといった判断の枠組を前提として審査を行って」きたと自認している。この「判断の枠組」に照らすと，本判決は①の段階で本件定数配分規定の違憲性を否定したことになる。今回は投票価値の著しい不平等状態が生じていないから合憲であるというのだが，そのように解された理由は，本件選挙当時の選挙区間の最大較差が3.08倍にとどまったためというよりむしろ，国会が合区というこれまでにない思い切った手法で選挙区間の最大較差を大幅に縮小し，さらに次回の通常選挙時までに選挙制度の抜本的見直しを行い「**必**

ず結論を得る」と確約して，実効的な問題解決への道筋をはっきり
示したと評価されたためであると思われる。

　しかし，合区という手法を導入することには政治的反発も強く，
憲法改正に訴えてでもこれをやめさせようとする勢力が，今も衰え
ることなく反対の論陣を張っている。おそらく次回の通常選挙時ま
でに，合区を主たる手法として選挙制度の再構築を図ることは極め
て困難だろう。それに合区は，結局のところ，都道府県を各選挙区
の単位とする仕組みそのものの変更ではなく，人口の少ない県だけ
を対象にした**弥縫策**にすぎない。しかも平成27年改正法の場合，隣
り合う県同士の合区だったので，選挙区構成における地理的不自然
さを避けることができたが，今後，人口の少ない県の隣に同程度の
人口の県があるという保証はない。木内道祥裁判官の意見にあるよ
うに，「本件定数配分規定は，人口移動に対応して投票価値の不均
衡に対処するという『しかるべき形』の立法的措置とはいい難いも
の」であって，なお**「違憲状態を脱していないというべき」**だった
のではないか。」（強調　引用者）

と記述される。

　同記述の示すとおり，松本教授は，平成29年大法廷判決（参）の，当該
選挙は違憲状態ではない旨の判断は誤っており，正しくは，当該選挙は**違
憲状態**と判断するべきである，との意見である，と解される。

　同記述に照らせば，松本教授は，選挙制度の抜本的見直しを欠いた以上，
本件選挙の事実関係の下で，「本件選挙（但し、選挙人数最大較差・1対3.00）
は、違憲状態」との意見であろう，と推察される。

17　**堀口悟郎**岡山大学准教授「平成28年参議院議員通常選挙における1
票の較差」法学セミナー2018年1月号 No.756　96頁は，
　　　「本判決は、同法の附則において、次回選挙までに選挙制度の「抜
　　　本的な見直し」について「必ず結論を得る」と規定された点も、合
　　　憲判断の理由として挙げている。そのため、次回選挙までに**抜本的**

な見直しが実現しなければ、今度は**違憲判決**もありうるだろう。」

（強調　引用者）

と記述される。

　同記述に照らせば、本件選挙において抜本的見直しが実現されていないので、堀口准教授は、本件選挙の事実関係の下で、「本件選挙（但し、選挙人数最大較差・1対3.00）は、違憲」との意見であろう、と推察される。

18　**櫻井智章**甲南大学教授は、平成24年大法廷判決（参）を論評して、「他方で、本判決を契機として、**抜本的改革**が待ったなしで要請されるようになったという点はやはり重要である。「長期にわたって固定」することも許される、という不作為・放置を正当化する論拠を**改めたことも本判決の大きな意義である。本判決を契機に、参議院の抜本的改革が進むことを願うものである。」**（強調　引用者）

と記述される（櫻井智章「参議院「一票の格差」「違憲状態」判決について 甲南法学'13　53-4-98（544））。

　櫻井教授は、ここで、『憲法は、参院選（選挙区）の選挙区割りの**抜本的改革を要求する**』旨主張している。

　同記述に照らし、同教授は、参議院選挙制度の**抜本的改革**を欠いた以上、本件選挙の事実関係の下で、「本件選挙の選挙区割り（但し、選挙人数最大較差・1対3.00）は、違憲状態または違憲である」との意見であろう、と推察される。

19　**横尾日出雄**中京大学法務総合研究機構教授「参議院議員定数不均衡訴訟に関する最高裁の判断と参議院選挙制度改革について——最高裁平成29年9月27日大法廷判決と平成30年改正公職選挙法の憲法上の問題点——」中京ロイヤー29号（2018年）57頁は、

　　「したがって、この平成30年改正による国会の対応は、較差是正措置も十分とはいえず、選挙制度の**抜本的な見直し**にもならないもの

であり、この点で、較差是正や抜本的見直しに向けた国会の姿勢は、きわめて消極的なものにとどまる。平成31年選挙について参議院議員定数不均衡訴訟が提起された場合、最高裁は、この消極的な国会の対応に対して明示的なメッセージを発し、較差是正を含めた選挙制度の**抜本的な見直しを迫る**ことになると思われる。」（強調　引用者）

と記述される。

　同記述に照らし、同教授は、平成30年法改正は、参院選の選挙制度の抜本的見直しに至らなかった以上、本件選挙の事実関係の下で、「本件選挙（但し、選挙人数最大較差・1対3.00）は、違憲状態または違憲」との意見であろうと、推察される。

20　只野雅人一橋大学教授は、平成29年大法廷判決（参）について、只野雅人「参議院選挙区選挙と投票価値の平等」論究ジュリスト2018冬24号199〜206頁で、

　「Ⅱ．判旨

　（略）

　〔i〕憲法が要求する投票価値の平等は，国会が正当に考慮しうる選挙制度をめぐる他の政策的目的との関連で調和的に実現されるべきものであり，国会の裁量権の行使が合理性を有する限り，一定の譲歩を求められても憲法違反とはいえない。憲法が二院制を採用し衆議院と参議院の権限及び議員の任期等に差異を設けている趣旨に照らすと，参議院議員選挙法・公職選挙法制定当時に定められた制度は国会の合理的裁量権の範囲を超えていたとはいえない。しかし激しい社会的・経済的変化のもと不断に生じる人口変動の結果，投票価値の著しい不平等状態が生じ，かつそれが相当期間継続しているにもかかわらず国会が是正措置を講じないことが，その裁量権の限界を超えると判断される場合には，当該定数配分規定が憲法違反に至ると解される。以上は昭和58年大法廷判決と累次の大法廷判決が

趣旨とするところで，基本的な判断枠組として変更の必要は認められない。

〔ii〕憲法が定める二院制の趣旨は，一定事項について衆議院の優越を認める一方，<u>立法を始めとする多くの事柄について**参議院にも衆議院とほぼ等しい権限を与え**，</u>参議院議員の任期をより長期とすること等により多角的長期的視点から民意を反映させ，衆議院との権限の抑制・均衡を図り，国政の運営の安定性・継続性を確保しようとしたものと解される。いかなる選挙制度によりこの趣旨と投票価値の平等の要請を調和させるかは，国会の合理的裁量に委ねられており，これも累次の大法廷判決が承認してきたところである。

〔iii〕投票価値の平等は選挙制度の仕組みを決定する唯一絶対の基準ではなく，以上の趣旨等をふまえ，参議院議員につき衆議院議員とは異なる選挙制度を採用し，国民各層の多様な意見を反映させ，参議院に「独自の機能」を発揮させようとすることも，国会の合理的裁量権の行使として是認しうる。一定の地域の住民の意思を集約的に反映させるという意義ないし機能を加味する観点から，政治的に一つのまとまりを有する単位である都道府県の意義や実体等を一つの要素として考慮することも，投票価値の平等の要請との調和が保たれる限り，直ちに国会の合理的な裁量を超えるものとは解されない。

　平成24年・平成26年大法廷判決は，長年の制度及び社会状況の変化を考慮すべきであるとし，衆参の選挙制度が同質的になってきていること，国政運営で参議院の役割が増大してきていること，衆議院では人口較差2倍未満が区割基準となっていること等をあげ，昭和58年大法廷判決の論拠では数十年間にもわたる5倍前後の大きな較差の継続を十分に正当化できなくなっている旨指摘している。これは，憲法上の要請とはいえない都道府県選挙区を固定化してきたことが投票価値の大きな不平等状態を長期間継続させてきた要因であるとみたもので，都道府県を選挙区の単位とすることを不合理で許されないとしたものではない。<u>**投票価値の平等の要請は，参議院**</u>

議員選挙だからといって直ちに後退してよいわけではないが，憲法が定める３年ごとの半数改選制など，議員定数配分にあたり考慮を要する固有の要素を踏まえ，二院制の趣旨との調和のもと実現されるべきである。

（略）

　もっとも，**２・３**で確認したように，本件大法廷判決は，平成24年大法廷判決が提示した基本的な判断枠組や論理を踏襲している。昭和58年大法廷判決の判断枠組の論理をふまえつつも，平成16年大法廷判決以降の判断の厳格化を経て形成されたものであるだけに，それらは容易に転換され難いように思われる。またそうした枠組や論理自体は，較差の許容限度などの部分では不徹底さを残すが，投票価値の平等の意義と統治機構をめぐる憲法の規範構造を踏まえれば，基本的に妥当なものであると考えられよう。

　もっとも，こうした論理をめぐっては批判もありうる。とくにここでは，**投票価値の平等のみを両院で徹底してゆくと**，地域の集合的利益，あるいは人口の少ない地域に居住する国民を適正に代表することが困難になるのではないかという問題について触れておきたい[26]。人口分布の大きなアンバランスの中で，適切な代表のあり方が問われるのは，必然ではある。

　しかし，「都道府県が歴史的にも政治的，経済的，社会的にも独自の意義と実体を有し一つの政治的まとまりを有する単位としてとらえうる」（昭和58年大法廷判決）という想定が，必ずしも自明ではないことにも留意する必要があろう。都道府県は地方公共団体であり行政単位である。知事・県議会の選挙も行われており，ある種の「まとまり」を想定しやすいことは事実である。とはいえ，都道府県という領域内部にも，社会的経済的諸条件や活動などを通じた，様々な「まとまり」を想定することができる。都道府県という単位の中にも，様々な「まとまり」が，複雑に絡み合って存在しているはずである。またそれらが，都道府県を超えて拡がっている場合もあろう。多数＝人口の多い地域と少数＝人口の少ない地域がしばし

ば対置されるが，少数と等置される「地方」としてひとくくりされ
るものの中にも，様々な「少数」が混在しているはずである[27]。そ
うした複雑な構造を捉える，いわば民意の尺度は，必ずしも都道府
県に限られるわけではなかろう。

　投票価値の平等の要請は，もとより，そうした複雑な分岐の適正
な代表を必ずしも保障するものではない。むしろ，適正な代表の仕
組みを見出すことが困難であるからこそ，**全国民の代表や政治的意
思決定の民主的正統性を担保する基盤として，要請されるものとい**
えよう。連邦国家型とは異なった**対等に近い両院制の下では，両院
同等にそうした基盤が求められることには相応の理由があろう。**」

（強調　引用者）

「[1)] 本件の評釈として、千葉勝美・法時89巻13号（2017年）４頁、堀口悟郎・
法セ756号（2018年）96頁、松本和彦・法教448号（2018年）123頁、多田一
路・新・判例解説 Watch 憲法 No.134。
[12)] 参議院の独自性という視点の後退につき、新井誠〔判批〕法學研究（慶應
義塾大学）87巻２号（2014年）142頁を参照。
[26)] 岩間昭道〔判批〕自治研究92巻５号（2016年）142頁以下、新井・前掲注
12）145頁以下、堀口・前掲注１）96頁、山本悦夫「参議院制度と投票価値
の平等」戸波江二先生古稀記念『憲法学の創造的展開（上)』（信山社、2017
年）486頁以下など。
[27)] 詳しくは、只野雅人「領域と代表」糠塚康江編『代表制民主主義を再考す
る』（ナカニシヤ出版、2017年）３頁をも参照されたい。」

と記述される。

　ここで、同教授は、「**投票価値の平等の要請**は、全国民の代表や政治的
意思決定の民主的正統性を担保する基盤として，要請されるもの」であっ
て、「**対等に近い両院制の下では，両院同等にそうした基盤が求められる
ことには相応の理由があろう。**」（強調　引用者）との意見を述べられる。

　衆議院（小選挙区）の選挙人数最大較差は、１対1.98（平成30年大法廷判決
（衆）〈民集72巻６号1265頁〉）であり、本件選挙のそれは、１対3.00（本件選挙
日の時点で。国の意見書70頁）であるとおり、各々同等でないので、同教授は、
本件選挙の事実関係の下で、「本件選挙は、違憲状態または違憲」との意
見である、と推察される。

21　市川正人立命館大学教授は、市川正人「平成25年参議院議員選挙と『一票の較差』」平成26年度重要判例解説・ジュリスト2015年4月No.14799頁で、

　　「最高裁は，選挙制度について広い立法裁量を認め，合理的な選挙制度であれば投票価値の平等が後退するという立場であり，鬼丸かおる裁判官，山本庸幸裁判官の反対意見のような投票価値の平等の要請が最大限配慮されなければならないという立場ではない。それでも最高裁は，二度にわたり，都道府県を単位とした選挙制度の下で5倍程度の較差が長期間継続してきたことは，憲法上容認できないとしたのであり，<u>国会は都道府県を単位とした選挙制度の抜本的な改革を早急に行うよう強く求められている。</u>

　　3　議員定数配分規定の合憲性

　　(1)　<u>本判決は</u>，衆議院平成25年大法廷判決を参照して，当該選挙までの期間内に投票価値の著しい不平等状態の是正がされなかったことが国会の裁量権の限界を超えるか否かを判断するにあたっては，「単に期間の長短のみならず，**是正のために採るべき措置の内容**，そのために検討を要する事項，実際に必要となる手続や作業等の諸般の事情を総合考慮して，国会における是正の実現に向けた取組が司法の判断の趣旨を踏まえた<u>裁量権の行使の在り方として相当なものであったといえるか否かという観点に立って評価すべき</u>」としている。

　　しかし，違憲の問題が生ずる程度の著しい不平等状態を是正することを裁量の問題とすることが適切か，**疑問**がある（**大橋正春裁判官の反対意見**参照）。立法裁量の問題として捉えるとしても，**木内道祥裁判官の反対意見**が主張しているように，違憲の投票価値の不平等が生じている場合の改正の時期については，選挙制度の改正の方法または内容に関してと異なり，国会の裁量権はごく限られたものであると解すべきであろう。」（強調　引用者）

と記述される。

上記記述に照らし、市川教授は、「国会は、都道府県を単位とした選挙制度の抜本的な改革を早急に行うよう強く求められている」
との意見である。

　本件選挙は、47都道府県のうち、43都道府県については、従来と同じ、都道府県を単位とする選挙区割りが維持されているので、都道府県を単位とする選挙制度の抜本的な見直しが行われていない。

　よって、上記記述に照らし、同教授は、本件選挙の事実関係の下で、「選挙人数最大較差が1対3.00であった本件選挙の選挙区割りは、違憲状態または違憲」との意見であろう、と推察される。

22　多田一路立命館大学教授は、平成29年大法廷判決（参）について、「本判決は、高知・徳島と、鳥取・島根がそれぞれ一つの選挙区とされた公職選挙法改正後初めて出された最高裁の判断である。

　　また、これまで参議院議員選挙における一票の格差の問題についても、衆議院と同様に、選挙当時における投票価値の不均衡が、㋐違憲の問題が生ずる程度の著しい不平等状態にあったか否か、という審査と、㋑それが相当期間継続しているにもかかわらずこれを是正する措置を講じないことが、国会の裁量権の限界を超えるか、という審査によって、憲法判断がなされてきた。本判決もこの判断枠組みを踏襲しつつ、㋐の審査において、投票価値の不均衡が「違憲状態」にはない、として、結局合憲判断を下したものである。

　　（略）

　　結局、本判決における都道府県単位の選挙区制度の評価は、投票価値の最大較差がどれほど改善されたかに関わっている。このような脈絡で、投票価値の最大較差が約3倍となった2015年改正が、違憲の問題を生ずる程度の著しい不平等状態にあるか否かが問題となるのである。本判決は、一部の合区を行った2015年改正について、「これまでにない手法を導入して行われた」とし、その結果「数十年間にもわたり5倍前後で推移してきた選挙区間の最大較差」が**約3倍にまで縮小した**ことを、2012年判決と2014年判決の趣旨に沿っ

た是正である、として高く評価した。そのうえで、2015年改正法の附則7条で、次回の通常選挙に向けて選挙制度の**抜本的な見直し**について引き続き検討を行い、必ず結論を得る、と定めていたことから、これを**更なる較差の是正を指向するものとした。本判決は、**おおむねこの**2点を、違憲状態にない、**との判断の根拠にしている[2]。

　上記2点のうちの後者は、国会の将来的対応の問題であって、前記一の①に関わるのではないか、との**疑いが生じる。木内意見は、違憲状態**としつつ、「選挙制度の抜本的な見直しの実行の着手」がなされており、かつ「次回の選挙までに選挙制度の抜本的な見直しについて必ず結論を得るとする国会の対応」があるから、なお**国会の裁量の範囲内である、**という判断を①の枠組みでしており、**こちらの方が理解しやすい**[3]。」（強調　引用者）

> [2] このような考え方は、同日の別事件判決の原審（東京高判平28.10.18判時2316号33頁）にも見られる。上田健介「判批」法教437号（2017年）141頁は、違憲状態の判断と合理的期間論が峻別されていないようにも見える、という。
> [3] もちろん、この「合理的期間論」自体に対する批判もあり得る。山本反対意見はその立場であろう。」

と記述される（同「参議院議員選挙における一部合区後の定数配分規定の合憲性」新・判例解説 watch　憲法 No.4（2018.4）日本評論社22〜23頁）。

　即ち、同教授は、「こちらの方が理解しやすい」と述べて、㋐の審査ではなく、㋑の審査（即ち、合理的期間論）で、「国会の努力」を考慮して、選挙が、違憲状態である旨の結論を導く、平成29年大法廷判決（参）の木内判事の意見（選挙は、違憲状態とする意見）を支持する。

　「当該選挙後にその区割りを改める改正」法は、平成28年参院選（選挙区）の選挙区割りの投票価値の最大格差の縮小に毫も寄与していないのであるから、木内判事の意見は、正しい。

　多田教授の同記述に照らして、多田教授は、本件選挙の事実関係の下で、「本件選挙（但し、選挙人数最大較差・1対3.00）は、違憲状態または違憲」との意見であろうと、推察される。

23 中丸隆最高裁判所調査官（当時）は、中丸隆「時の判例　公職選挙法14条、別表第3の参議院（選挙区選出）議員の議員配分規定の合憲性　最高裁平成29年9月27日大法廷判決」ジュリスト2018.1 91頁で、

「最高裁大法廷は、今後における選挙制度の**抜本的な見直しや較差の是正に向けた立法府の取組を注視する姿勢を改めて強く示したもの**と考えられ、次回の選挙までの時間的制約の中でこれらの点に関する**議論等の動向が注目されるところである。**」（強調　引用者）

と記述される。

　同記述が、最高裁大法廷が「今後における選挙制度の**抜本的な見直しや較差の是正に向けた立法府の取組を注視する姿勢を改めて強く示したものと考えられ**」る、と特に指摘していることが注目される。

　同記述に照らし、同中丸隆最高裁判所調査官（当時）は、本件選挙では、抜本的見直しがなされなかったので、個人の資格では、明言はされていないが、本件選挙の事実関係の下で、「（選挙人数最大較差1対3.00に止まった）本件選挙は、違憲状態または違憲である」との意見であろう、と推察される。

24 千葉勝美元最高裁判事は、「判例時評　司法部の投げた球の重み ——最大判平成29年9月27日のメッセージは？」法律時報89巻13号6頁で、

「(1)（略）

　本判決は、**3.08倍**まで較差が縮小され、それだけでは十分とはいえないとしても（十分であれば、即合憲判断がされたはずである。）、それに加え、**更なる較差是正が確実に行われようとしていることを併せて評価して**、今回は違憲状態とはいえないという判断をしたことになる。なお、これは、立法裁量の逸脱濫用の有無についての判断であり、その際に考慮すべき事情（要素）が従前とは異なる点はあるが、**判断の枠組み自体を変えたものではなく、判例変更ではない。**

　(3)　そうすると、仮に、次回選挙までに較差是正の実現という将

来的な立法対応がされるという本判決の前提が崩れ、較差拡大が放置されたまま選挙を迎える事態になった場合には、国会は較差是正のために自ら定めた期間での必要な努力を怠ったということになって、最高裁としては、もはや、従前のように「合理的期間を徒過した」か否かを改めて検討する余地はなく、直ちに**「違憲」**と判断することが可能になったものともいえよう。

　(4)　以上によれば、今回の大法廷判決が国会に発したメッセージは、いまだ較差の是正が十分とはいえないので、更なる較差是正の努力を確実に続けて結果を出すように、というものであり、その意味で、司法部が立法府に投げた球は、**ずしりと重い**ものとして受け止めるべきではなかろうか。」（強調　引用者）

と記述される。

　本件選挙が選挙制度の抜本的見直しなく施行された以上、同記述に照らし、千葉勝美元最高裁判事は、本件選挙の事実関係の下で、「本件選挙（但し、選挙人数最大較差・1対3.00）は、違憲状態または違憲」との意見であろうと、推察される。

25(1)　泉徳治元最高裁判事は、
　「最高裁は、国会議員定数是正訴訟において、定数配分または選挙区割りにつき国会に大幅な裁量を認めつつも、5回続けて違憲状態判決を出していた[10]。しかし、**最大判平成29年9月27日**民集71巻7号1139頁、最大判平成30年12月19日民集72巻6号1240頁に至り、従来の違憲状態・違憲・無効の三段階の判断枠組みをも曖昧にした上、国会の裁量幅をさらに拡大して、最大格差が約3倍（参議院）または約2倍（衆議院）の選挙を合憲と判断した。これで、国会は、**憲法の要請する一人一票に向けた動きを停止させるであろう。**」（強調　引用者）

　「[10] ①最大判平成23年3月23日民集65巻2号755頁、②最大判平成24年10月17

48

日民集66巻10号3357頁、③最大判平成25年11月20日民集67巻 8 号1503頁、④
最大判平成26年11月26日民集68巻 9 号1363頁、⑤最大判平成27年11月25日民
集69巻 7 号2035頁。」

と記述される（泉徳治執筆『最高裁の「総合的衡量による合理性判断枠組み」
の問題点』石川健治ら編『憲法訴訟の十字路』弘文堂2019年375頁）。

　同記述が示すとおり、最大格差が約 3 倍（参議院）である参院選（選挙
区）を「違憲状態ではない」とした平成29年大法廷判決（参）は、「憲法
の要請する**一人一票に向けた動きを停止させようとする」**もの、と解され
る。

　同記述に照らし、泉徳治元最高裁判事は、本件選挙の事実関係の下で、
「本件選挙（但し、選挙人数最大較差・ 1 対3.00）は、違憲状態または違憲」と
の意見であろうと、推察される。

(2)　更に、泉元最高裁判事は、
　　　「泉　選出の方法はそれぞれで異なった方がいいと思います。一方
　　　は全国区、もう一方は選挙区にするなど、二院制でそれぞれ特色が
　　　出るような形にする方が望ましいと思います。投票価値の方は、**両**
　　　議院とも一人一票であるべきだと思います。」（強調　引用者）

と発言される（泉徳治、渡辺康行、山元一、新村とわ『一歩前へ出る司法　泉
徳治最高裁判事に聞く』日本評論社2017年186頁）。

　同発言に照らしても、泉徳治元最高裁判事は、本件選挙の事実関係の下
で、「本件選挙（但し、選挙人数最大較差・ 1 対3.00）は、違憲状態または違
憲」との意見であろうと、推察される。

26　**渋谷秀樹**立教大学教授は、
　　「（ⅱ）参議院議員の場合
　　（略）
　　この判決（昭58年最大判　引用者　注）は、「事実上都道府県代表

的な意義ないし機能を有する要素を加味したからといって、これによって選出された議員が全国民の代表であるという性格と矛盾抵触することになるものということもできない」とするが、都道府県の代表、すなわち特定地域の代表の機能と全国の代表、すなわち全体の代表という性格を整合的に説明する論理は存在しない。国会議員が「全国民を代表する」と憲法が定める（43条1項）以上、<u>参議院議員も、**可能な限り1対1に近づけるべきである。**</u>」（強調　引用者）

と記述される（同『憲法（第2版）』有斐閣2013年219頁）。

　同記述に照らし、同教授は、本件選挙の事実関係の下で、「本件選挙（但し、選挙人数最大較差・1対3.00）は、違憲状態または違憲」との意見であろうと、推察される。

27　辻村みよ子東北大学名誉教授は、
　　「さらに、原則はあくまでも、**1対1**であることから、**衆院選の場合と同様**、技術的に人口比例原則を徹底しうる場合には、たとえ1対2以内でも違憲性を認めうるような厳格な基準を設定することに、憲法理論上妥当性があると考えられる（百選II340頁〔辻村執筆〕参照）。」（強調　引用者）

と記述される（辻村みよ子『憲法〔第5版〕』日本評論社2016年　330頁参照）。

　同記述に照らして、辻村みよ子教授は、本件選挙の事実関係の下で、「本件選挙（但し、選挙人数最大較差・1対3.00）は、違憲状態または違憲」との意見であろうと、推察される。

28　君塚正臣横浜国立大学教授は、
　　「このほか、確かに、参議院が憲法の定めにより半数改選であることは、衆議院とは異なる事情であり、その特殊性として認めざるを得ない面もある[262]。しかし、各選挙区の定数が偶数であることは憲法上の要請でもなく[263]、このことを理由に最高裁が衆議院の倍の較

差まで許容してきたように見える[264]ことは疑問である。ある選挙区の定数が「3」と「4」を繰り返し、別の選挙区が「5」と「4」を繰り返すような調整も、平等の前には可能である[265]。

　そう考えると、選挙区における議員定数不均衡を正当化できる参議院の「特殊性」はほぼ消滅する[267]。また、「歴史的遠隔、都市と農村との関係、経済、社会その他の要因」、「衆議院、参議院のそれぞれの在り方」などを考え出すと、「何が合理的な差別かを判断することは困難」[268]になるばかりである。原則に戻り、衆議院より定数が少なく、かつ、選挙毎の定数で言えばそのまた半分になることを除き、一人区をやめれば、寧ろ調整は容易な筈である。既に都道府県を単位として構成することは崩壊しているのであって、抜本的な制度改正に基づく定数是正こそが憲法の要請であろう。**それ以前に、衆議院と同じであるとすれば、なぜ最大較差２倍まで許容できるのかが疑問である[268]。原点に戻り、１対１原則以外の指針はないものと考えるべきである[269]。**」（強調　引用者）

「[49]辻村みよ子『「権利」としての選挙権』218頁（勁草書房、1989）」

「[262]辻村前掲註49）書242頁。

[263]小林前掲註189）評釈21頁。川浦前掲註26）論文82頁同旨。芦部前掲註99）書79頁もその余地はあると述べる。

[264]吉川前掲註195）評釈４頁。

[265]アメリカの上院議員は任期６年で２年ごとに３分の１ずつ改選であるため、定数１，１、０を繰り返している。このことからすると、このように選挙毎に定数が異なることを認めることがおよそ不可能もしくは困難とは思えず、投票価値の平等の要請のためであるなら、十分検討の余地があろう。しかし、このような制度を実施すると、選挙の度に自己の支持する党派に有利な選挙区に居住地を移す「選挙ジプシー」を奨励してしまうとの反論もあろう。だが、これまでも目立ったものはなく、この議論を認めるとおよそ補欠選挙はできないことになる。仮にそれが認識されても、法技術的に投票を制限するか、罰則を設けるかなどにより対応すれば足りよう。

[266]市川正人『基本講義憲法』243頁（新世社、2014）、長尾前掲註53）評釈41頁同旨。

[267]上田章＝浅野一郎『憲法』446頁（ぎょうせい、1993）［浅野］。

[268]只野前掲註194）評釈６頁。

[269]横尾前掲註241）（横尾日出雄「参議院の特殊性と投票価値の平等」（CHUKYO LAWYER）13号（2010）　引用者注）論文47頁も「可能な限り１対１に近づけることを原則」とすべきとするが、「最大で２対１を限度」と

するとも述べる。中川登志男「参議院の選挙制度に関する一考察」専修法研論集51号1頁、33 34頁（2012）は、2倍超は違憲だが、それ未満でも採用した選挙制度によっては違憲となり得、「ブロック制や大選挙区制や比例代表制を採る場合は、」「1.1倍や1.2倍といった1倍台前半の最大較差で収まるはずである」と指摘する。」

と記述される（君塚正臣横浜国立大学教授「参政権の制約と司法審査基準・合憲性判断テスト」横浜法学25巻1号（2016年9月）87頁）。

　参院選（選挙区）の選挙区割りも、衆院選（小選挙区）の選挙区割りと同じく、投票価値の最大較差・「1対1原則」であるとする同記述に照らし、君塚正臣教授は、本件選挙の事実関係の下では、「本件選挙（但し、選挙人数最大較差・1対3.00）は、違憲状態または違憲」との意見であろうと、推察される。

29　長尾一紘中央大学名誉教授は、長尾一紘『日本国憲法〔第3版〕』世界思想社1998年170頁で、

「(3)　投票価値の不平等の限界基準については、学説の多くは最大較差1対2を基準とするが、ここでいう1対2の数字には根拠がない。<u>法技術上可能なかぎり**1対1**に近くなければならないとすべき</u>である。

　もっとも法技術上の問題は少なくなく、実質的には両者の間に大きな相違はないものと思われる。

　最高裁判例においては、投票価値の不平等の限界基準は、立法府が形成した選挙制度の「仕組み」によって決定されるのであり、直接憲法によって確定されるのではないとされる。

　最高裁は、このような観点から、参議院議員定数については最大格差1対5.26を違憲とはいえないとしながら（最大判昭和58・4・27）、衆議院議員定数については最大格差1対3.94を「違憲状態」にあるとした（最大判昭和58・11・7、⇒〔877〕）。」（強調　引用者）

と記述される。

長尾教授は、衆院選、参院選ともに、「投票価値の不平等の限界基準については、」「法技術上可能な限り **1対1に近くなければならない**」（強調 引用者）（即ち、人口比例選挙が要求される）との意見である。

同記述に照らして、長尾教授は、本件選挙の事実関係の下では、「本件選挙（但し、選挙人数最大較差・1対3.00）は、違憲状態または違憲」との意見であろうと、推察される。

30　樋口陽一東京大学名誉教授は、樋口陽一『憲法』〔第3版〕（創文社 2007）216頁で、

> 「選挙権が憲法上の権利のなかでも枢要の地位を占めることからすれば、本来、各選挙人の投票価値は均等であるべきであり、普通選挙の原則（15条3項）の内実を左右するだけに、合理的でやむを得ない理由（行政上の区画のできるかぎりでの尊重、など）がある場合でも最大較差1対2を超えることはできない（**一人が二人分以上の影響を行使してはならない**）、と考えるべきである。」（強調　引用者）

と記述される。

同教授は、投票価値の最大2倍未満説である。

よって、同教授は、本件選挙の事実関係の下では、「本件選挙（但し、選挙人数最大較差・1対3.00）は、違憲状態または違憲」との意見であろうと、推察される。

31　和田進神戸大学教授は、和田進「議員定数配分の不均衡」ジュリスト増刊2008（憲法の争点）185頁で、

> 「　　　　　　　　　　Ⅳ　投票価値の平等とは
>
> 　1976年判決は投票価値の平等を「各投票が選挙の結果に及ぼす影響力における平等」と説明しているが，投票結果の価値の平等について語る場合，「個々の投票の選挙に対する影響の平等（投票の力の平等）」と「選挙人の意思の議会への比例的代表（代表の平等）」

の2つのレベルがあることに注意される必要がある（芦部信喜「憲法訴訟の現代的展開」[1981] 312頁）。定数訴訟で問題にされているのは「投票の力の平等」のレベルの問題であるが，現実に投票された個々の投票の価値が平等であることを要求しているものでもない。現実に投票された個々の投票の選挙結果に及ぼす影響力は，立候補者の数や質，投票率などの各種要因によって影響されるからである。ここで問題にされている「平等」は，「『選挙の結果に及ぼす影響力』そのものの平等というよりは，《選挙の結果に影響力を及ぼす可能性》の平等として，理解されるべきである」（樋口陽一『司法の積極性と消極性』[1978] 122〜123頁）。すなわち投票価値の平等とは，選挙権の平等原則たる「一人一票の原則（one man, one vote）」を単に数のレベルの形式的平等性にとどめるのではなく，具体的選挙制度における投票価値の可能性の平等を要求するものである。それは端的には端的には**人口比例原則**として表明されるのである（厳密には有権者数に比例するものと考えられるべきであるが，この論点は省略する）。<u>したがって，理論的原則的には**格差は1対1**が要請されることになる。</u>」（強調　引用者）

と記述される。

　同記述に照らし、和田進教授は、本件選挙の事実関係の下で、「本件選挙（但し、選挙人数最大較差・1対3.00）は、違憲状態または違憲」との意見であろうと、推察される。

　32　**青柳幸一**横浜国立大学教授（当時）は、栗城壽夫、戸波江二編『現代青林講義　憲法〔補訂版〕』（青柳幸一執筆）（青林書院1989年）172頁で、
　　「最高裁は，違憲状態となる格差を一定の数字で明示しているわけではない。関連判例から，違憲状態となる格差を1対3で考えていることが推測される。この1対3というラインは，憲法上の選挙の原則から導き出されたものとは言い難い。**普通選挙の原則および平等選挙の原則からして，投票価値の不均衡で許容されうる格差は1**

対2未満である。」（強調　引用者）

と記述される。

　同記述に照らし、青柳教授は、本件選挙の事実関係の下で、「本件選挙（但し、選挙人数最大較差・1対3.00）は、違憲状態または違憲」との意見であろうと、推察される。

33　**長谷部恭男**東大教授（当時）は、「「（座談会）選挙制度と政党システムの未来」論究ジュリスト5号（2013年）20頁」で、

　　　「「ひとりひとりの国民を『完全に同等視』して平等な存在として扱うべきだという，理念的な意味があるので，その観点からして一人一票の原則が重要で基本的な憲法原則であることは譲れない」といえます。」**（強調　引用者）

と発言される。

　同発言に照らし、長谷部教授は、本件選挙の事実関係の下で、「本件選挙（但し、選挙人数最大較差・1対3.00）は、違憲状態または違憲」との意見であろうと、推察される。

34　**南野森**九州大学教授は、「1票の格差——司法と政治の素敵」法学教室 No.427 Apri. 2016 13頁で、

　　　「このような統治機構同士のいわば駆け引きにおいては，肝心の国民は蚊帳の外に置かれているかにも見える。たしかに，「一票の較差による被害を実感することは難しい」[28]し，「一票の較差に本気で憤っている一般の有権者に一人も会ったことが〔ない〕」[29]と言われても驚かない読者は多いだろう。しかし，「ひとりひとりの国民を『完全に同等視』して平等な存在として扱うべきだという，理念的な意味があるので，その観点からして**一人一票の原則が重要で基本的な憲法原則であることは譲れない」**[30]ことを忘れてはならないだろう。」（強調　引用者）

「[28]徳永＝砂原・前掲注[21]61頁。」
「[29]長谷部ほか・前掲注[11]20頁［柿﨑明二発言］。」
「[30]長谷部ほか・前掲注[11]における長谷部発言（20頁）。なお、「完全に同等視」の表現は，1976年判決の用いたものである。」
「[11]その画期となったのが2001年参院選についての最大判平成16・1・14民集58巻1号56頁であったことを明快に指摘するものとして，長谷部恭男ほか「〔座談会〕選挙制度と政党システムの未来」論ジュリ5号（2013年）9頁以下における高見勝利発言（19頁）を参照。また，安西・後掲注[15]も参照。」
「[15]憲法の学習者にとっては、まず、長谷部恭男ほか編『憲法判例百選Ⅱ〔第6版〕』（有斐閣、2013年）所収の諸解説が出発点になるだろう。合理的期間論については内藤光博解説（154事件）を、2011年判決については安西文雄解説（158事件）、2012年判決については辻村みよ子解説（155事件）を参照。」
「[21]徳永貴志＝砂原庸介「『一票の較差』判決──『投票価値の平等』を阻むものは何か」法セ734号（2016年）60頁以下、66頁。この論文は、計量政治学の視点から、「選挙区間の最大較差もさることながら、平均値からの偏差に着目しなければならない」ことを指摘（68頁）するなど、これまで憲法学が必ずしも十分に分析を深めてこなかった論点について示唆に富む検討を多く含む。」

と記述される。

　同記述に照らし、南野教授は、本件選挙の事実関係の下で、「本件選挙（但し、選挙人数最大較差・1対3.00）は、違憲状態または違憲」との意見であろうと、推察される。

35　中村良隆名古屋大学日本法教育センター特任講師は、「書評　升永英俊『統治論に基づく人口比例選挙訴訟』日本評論社、2020年」Web 日本評論 https://www.web-nippyo.jp/18405/ で、

　　「統治論に基づく人口比例選挙」とは、**憲法56条2項、1条**および**前文1項第1文**から、人口比例選挙（各選挙区に議席を割り当てるときに、人口に比例して行わなければならない）という憲法上の要件が導かれるとするものである。

　　すなわち、本書によれば「国民は、『両議院の議事』につき、『正当に選挙された国会における代表者を通じて』（同前文第1項第1文冒頭）、『出席議員の過半数（50％超）でこれを決』（同56条2項）す

という方法（即ち、多数決）（換言すれば、間接的な多数決の決議方法）
で、『主権』を行使する。……

　一方で、「非『人口比例選挙』（即ち、一票の価値の較差のある選
挙）では、【全人口の50％が、衆参両院の各院の全議員の50％を選
出すること】が保障されない」ので、「【『主権』を有する国民】で
はなく、【『主権』を有する国民の代表者に過ぎない国会議員】が、
『主権』（即ち、国政のあり方を最終的に決定する権力）を有している
ことになり得る。」（3～4頁）

　そして基準として、「一票の格差が2倍を超えているかどうか」
ではなく、「全人口の50％が衆参両院の各院の全議員の50％を選出
すること」ができるかどうかという点をメルクマールとして重視す
るのが特色である（5頁）。このように、従前の訴訟で援用されて
きた14条1項や15条1項、44条ただし書（著者の語法では「人権論」）
に依拠しておらず、14条1項等に基づく従来の議論を「決め手を欠
く、匙加減論」と批判している（1頁）。

（略）

　選挙権は、単なる人権でなく、「国民としての仕事」、公務として
の性質があることについては、学会の多数が賛同している（二元
説)[5]。このように、選挙にはそもそも、人権としての側面と、立法
部を構成するための手続（統治機構）としての側面がある。「投票
価値の平等（一票の格差）」と「議員定数不均衡問題」、**「一人一票原
則」**と**「人口比例選挙」**という異なる言い方も人権と統治の2つの
視点を示しているように思われる。

　したがって、14条1項がなくとも、56条2項＋1条＋前文1項か
ら**一人一票原則が導ける**ということを示したのは、様々な条文が連
なって立憲主義と民主主義を支えている「憲法の重層的構造」を例
証したものといえる。現に、議員及び選挙人資格の平等を定める44
条ただし書は「第2章　国民の権利及び義務」ではなく「第3章
国会」の中にあり、14条1項と「統治論」とを結びつけている条文
であるといえるのではないか。

このように、オリジナリティーあふれる著者の見解を憲法の重層的構造の一例の発見として評価することができるとすると、「14条等に基づく人権論」が悪者であるかのように示唆するのは言い過ぎであろう[6]。悪いのはこれまでの最高裁の先例とそれに基づく誤った思考のはずである。投票価値の平等が憲法の「基本的な要求[7]」であると口にしながら、違憲・合憲を判断する際には、「以上のような事情を総合すれば……[8]」というマジック・ワードで人口要素と非人口要素を一緒くたにし[9]、いわゆる「合理的期間論[10]」によって、基準の問題と救済の問題を故意に混同させている最高裁の判例理論こそ、真の**「匙加減論」**の名にふさわしいものというべきである。」（強調　引用者）

[5]芦部信喜・高橋和之『憲法（第7版）』271頁（岩波書店、2019年）；野中俊彦・中村睦男・高橋和之・高見勝利『憲法（第4版）』510-511頁（有斐閣、2006年）など。

[6]升永英俊『一人一票訴訟上告理由書：憲法を規範と捉えた上での判決を求める』35頁（日本評論社、2015年）（以下、「前著」と略す。）

[7]最大判昭和58年11月7日民集37巻9号1243頁「選挙区の人口と配分された議員数との比率の平等が最も重要かつ基本的な基準とされる」；最大判平成11年11月10日民集53巻8号1441頁「選挙区割りを決定するに当たって、議員一人当たりの選挙人数又は人口ができる限り平等に保たれることが、最も重要かつ基本的な基準である」

[8]最大判平成25年11月20日67巻8号1503頁「具体的な選挙区を定めるに当たっては、都道府県を細分化した市町村その他の行政区画などを基本的な単位として、地域の面積、人口密度、住民構成、交通事情、地理的状況などの諸要素を考慮しつつ、国政遂行のための民意の的確な反映を実現するとともに、投票価値の平等を確保するという要請との調和を図ることが求められているところである。したがって、このような選挙制度の合憲性は、これらの諸事情を総合的に考慮した上でなお、国会に与えられた裁量権の行使として合理性を有するといえるか否かによって判断される」

[9]Reynolds v. Sims 判決によって確立されたといわれる一人一票原則（one person, one vote rule）の意義は、「人口要素の非人口要素に対する優位」、つまり人口の平等をまず第一に確保しなければならず、行政区画との一致等の非人口要素は人口の平等を害さない限度において、二次的に考慮に入れることができるにすぎないことにある。中村良隆「Reynolds v. Sims（1964）：議会の議席配分と『一人一票原則』」アメリカ法判例百選12-13頁（有斐閣、2012年）山本庸幸裁判官もその反対意見（最大判平成26年11月26日等）において「投票価値の平等は、他に優先する唯一かつ絶対的な基準として、あら

ゆる国政選挙において真っ先に守られなければならないものと考える。これ
が実現されて初めて、我が国の代表民主制が国民全体から等しく支持される
正統なものとなるのである。」と述べている。

[10]最大判昭和51年4月14日民集30巻3号228頁「具体的な比率の偏差が選挙権
の平等の要求に反する程度となったとしても、これによって直ちに当該議員
定数配分規定を憲法違反とすべきものではなく、人口の変動の状態をも合理
的期間内における是正が憲法上要求されていると解されるのにそれが行われ
ない場合に始めて憲法違反と断ぜられるべきものと解するのが相当である。」

と記述される。

　上記記述に照らし、一人一票原則説の中村特任講師は、本件選挙の事実
関係の下で、「本件選挙(但し、選挙人数最大較差・1対3.00)は、違憲」との
意見であろうと、推察される。

36　吉川和宏東海大学教授は、吉川和宏「平成22年7月に施行された参
議院選挙区選出議員選挙の選挙区間の1対5.00の投票価値の不平等が、違
憲の問題が生じる程度に達しているとされた事例」判例時報2187号(判例
評論654号)152頁で、

　　「三　最後に、本判決に対する評価であるが、違憲状態の合憲基準
　　の厳格化を推進したという点において本判決を支持したい。違憲警
　　告にとどまったという点については、これまでの最高裁の態度から
　　考えてもやむを得ないと評価せざるを得ないであろう。本判決は現
　　行の選挙区制度に警告を発した平成21年判決よりもさらに一歩踏み
　　込んで、**「都道府県を単位として各選挙区の定数を設定する現行の
　　方式をしかるべき形で改める」**(【判旨】⑥)ことにまで言及してい
　　る。これは最近の最高裁の積極的な姿勢を表していると言えるが、
　　同時に**最高裁の悲鳴にも似た叫びのようにも聞こえる**。いずれにせ
　　よ最高裁は国会に憲法の論理に即した選挙制度の構築を強く求めて
　　いるが、その**抜本的な制度改革**の兆しは見られない。「四増四減」
　　程度の微調整では最高裁の要求に応えたことにはならないのである。
　　投票価値の平等を実現できる選挙制度は多種多様であり、その中の
　　どれを選択するかはまさに立法裁量の問題である。**今後の国会の迅**

速な対応に期待するしかない。

　問題はいつまでも根本的な是正が行われない場合である。最高裁としてはこの判決で国会の対応を求めた以上、本判決の結論を何度も繰り返すことはできないであろう。本判決の田原、須藤両裁判官の反対意見は次回参議院選挙に対しては選挙無効の判決を下すべきであると言明しているし、大橋裁判官の反対意見も選挙無効判決に対する対応の準備を求めている。当面は最高裁としては衆院昭和51年判決と同じ事情判決を使うことになるのであろうが、参議院の場合は不可分論に基づいて選挙区選挙をすべて無効にしても242議席中73議席が選挙無効となるにとどまり、衆議院のような全議員不存在の事態を想定する必要はない。変則的ではあるが残りの議員による参議院審議も可能なので、**参議院選挙区選挙でこそ選挙無効の判決が出しやすいともいえる。**同旨の平成16年判決（最大判平16・1・14民集58・1・56）深沢裁判官の意見が検討されてもよいと考える。」（強調　引用者）

と記述される。

　本件選挙では、抜本的な選挙制度の改革は見送られ、43都道府県において、従来の都道府県が選挙区の単位として維持された。

　同記述に照らして、吉川教授は、本件選挙の事実関係の下で、「本件選挙（但し、投票価値の最大較差・1対3.00）の選挙区割りは、違憲状態である」との意見であろう、と推察される。

37　牧野力也筑波大学人文社会科学研究科博士課程は、「「一票の較差」の違憲審査基準に関する考察」筑波法政第54号（2013）70頁で、

　　「最高裁判所は、2011年3月23日に平成21年の衆院選に対して、さらに2012年10月17日には、平成22年の参院選に対して相次いで判決を下し、そのいずれにおいても、問題となった選挙の議員定数配分規定が投票価値の平等に反し、「違憲状態」であったと判示した。（略）

投票価値の平等を形式的な平等と解し、平均的な投票価値の選挙
権をすべての人が等しく享有することを憲法が要請しているという
考え方に立つならば、投票価値の較差を**1対1に近づける努力**を継
続して続けていかなければならない。」（強調　引用者）

と記述し、かつ同71頁で、

「すなわち、**投票価値が原則として1対1であること**を前提に、立
法裁量の余地を厳しく統制していくために、平均的な投票価値から
の偏差によって投票価値を判断する方法は、全体的な投票価値の不
均衡の状態を審査するのに適した基準であり、**将来的に投票価値の
較差を1対1に近づける努力が求められる**今日では、投票価値の不
平等を判断する司法審査基準として検討に値する基準であると考え
る。」（強調　引用者）

と記述される。
　即ち、牧野力也大学院生（博士課程）は、**原則投票価値格差1対1説**で
ある。
　　同記述に照らして、牧野力也大学院生（博士課程）は、本件選挙の事
実関係の下で、「選挙人数最大較差・1対3.00たる本件選挙は、違憲」と
の意見であろうと、推察される。

　38　榎透専修大学准教授（当時）は、榎透「参議院議員定数配分規定の
合憲性：2012最高裁判決」法学セミナー2013/02 No.697　128頁で、
平成24年大法廷判決（参）が、

「**「都道府県を各選挙区の単位とする仕組みを維持しながら投票価値
の平等の実現を図る」**ことは、もはや著しく困難である。」（強調
引用者）

と判示している、と記述し、

「そして、**本判決**（平成24年大法廷判決（参）。強調　引用者）**はこの観点から、都道府県を選挙区の単位とする仕組みを維持することは困難であるとの評価を下した。**参議院議員選挙については、住民の意思を集約的に反映させるために都道府県を選挙区の単位とすることの意義が指摘されたこともあったが、**本判決は最高裁の法廷意見としては初めて、都道府県を「参議院議員の選挙区他の単位としなければならない憲法上の要請はな」いことを明確に示した。**また、判旨から、投票価値の不均衡が「投票価値の平等の重要性に照らしてもはや看過し得ない程度に達して」いても違憲とならないためには、それを「**正当化すべき特別の理由**」を要する（単なる理由ではない！）と言えることにも注目すべきである。」（強調　引用者）

と記述される。

　即ち、同准教授は、都道府県を各選挙区の単位とする現行の選挙制度自体の見直しの必要性を指摘する平成24年大法廷判決（参）を支持している。

　ところが、本件選挙は、43都道府県については、都道府県を選挙区の単位とする従来の選挙区割りが維持された。

　同記述に照らして、同准教授は、本件選挙の事実関係の下で、「本件選挙（但し、選挙人数最大較差・１対3.00）は、違憲状態または違憲」との意見であろう、と推察される。

　39　**中川登志男**専修大学教授は、中川登志男「参議院の選挙制度に関する一考察」専修法研論集51号１頁、33-34頁（2012）で、

　　「２倍超は違憲だが、それ未満でも採用した選挙制度によっては違憲となり得、「ブロック制や大選挙区制や比例代表制を採る場合は、」「**1.1倍や1.2倍といった１倍台前半の最大較差で収まるはずである**」（強調　引用者）

と指摘される（本書54頁参照）。

　同記述に照らして、同教授は、本件選挙の事実関係の下で、「本件選挙

（但し、選挙人数最大較差・1対3.00）は、違憲状態または違憲」との意見であろう、と推察される。

40 **今関源成**早稲田大学教授（当時）は、「参議院定数不均衡最高裁判決──最高裁2004年1月14日大法廷判決をめぐって」ジュリスト No.1272 2004.7.15 97頁で、

「国会は最高裁から民主的正統性の危機を迎えているという警告を受けた。しかし、抜本的改革の予定を口実に、定数配分規定を改正せず、最高裁の送った明確なメッセージを公然と無視した。立法裁量論と事情判決の法理のつけが回ってきたといえば、最高裁にとっては自業自得ということになる。国民を公正に代表していない国会と、司法の職責を果たし損ねた裁判所だが、最高裁の方は自己の進むべき道について瀬踏みをしているように思われる。今回、最高裁事務総長経験者である裁判官が、学界における議論の蓄積を十分に意識した意見を書いた。**参議院についても1対2未満を定数不均衡の限度とし**、選挙制度の仕組みの抜本的改革を迫る投票価値の平等の厳格な解釈が提示され、全国民代表としての議員は、自由で平等な市民によって選出されなければならないという民主主義の基本原則が確認されている。この意見でも事情判決の法理の問題については、相変わらず残されたままであるが、政治家の司法に対する敬譲の欠如ゆえに課題化してしまったという面があることも否定できない。

（略）

議会は現在、敬譲に値するものであるか、最高裁に期待されるものは大きい。」（強調　引用者）

と記述される。

同記述に照らし、同教授は、「本件選挙（但し、選挙人数最大較差・1対3.00）は、違憲状態または違憲」との意見であろうと、推察される。

41　**小林武**南山大学教授（当時）は、南山法学10巻 4 号（1987年）159〜160頁で、

> 「すなわち、先にも述べたところであるが、憲法は、二院制を採り、そのことによって、第二院に第一院とは異なった性格ないし役割を期待し、そして、その制度的具体化にかんしては、半数改選制であるべきことを定める他は、ひとまず立法裁量に委ねる一方で、投票価値の平等を憲法原則として示してその確保を命じ、立法裁量に厳しい限界を画している。したがって、人口比例原則の緩和を考慮する必要が生ずるのは、ただ、それが、憲法上の他方の要請である二院制の趣旨および半数改選制と衝突し、その間の調整が求められる場合に限られる。それ以外の、参議院選挙を全国区と地方区（比例代表区と選挙区）に分けて行なう等の公選法上の制度は、投票価値平等原則緩和の要因には何らなりえないものである。それゆえ、まず、地方区制ないしその偶数定数制を前提とした議論は、憲法解釈上採るべきではないものといわなければならない。そして、２対１の計数基準について考えるに、これは、そもそも、１対１が憲法上の要請であり国会はそれに可及的に近接させるべく立法する責務を負うものであることを当然の前提としつつ、一人一票という選挙権平等の趣旨を投票価値平等の問題に準用したもので、それ自身がすでに、非人口的要素をかなりの程度広く考慮に入れうる巾をもった枠組みなのである。つまり、「理の政治」の期待を含む二院制の趣旨や半数改選制は、右の巾の範囲内で充分採り入れることのできるものと思われるのであり、また、右以外の要素はすべて、投票価値平等原則に劣位するものとして扱われるべきである。このように考えると、**参議院にかんしても、２対１以上の較差を認めることは正当でなく、また、実際上もその必要はないとすべきではなかろうか。**」（強調　引用者）

と記述される。

　同記述に照らし、同教授は、「本件選挙（但し、選挙人数最大較差・１対

3.00）は、違憲状態または違憲」との意見であろうと、推察される。

42　井上典之神戸大学教授は、井上典之「参議院定数訴訟における投票価値の平等——平成21年大法廷判決とその含意」ジュリスト No.1395 2010.3.1　37頁で、

> 「裁判所の判断がそのようないらぬ疑念を抱かせず，純粋に憲法上の問題として議員定数不均衡に向き合うためにも，平成21年大法廷判決の反対意見の一部でも示されたように，最高裁は，『**投票価値の平等』は憲法上の絶対的要請**であり，それ以外の要因（例えば都道府県を単位とする地域代表）は憲法上の要請とはいえない」[17]ことを明らかにしておく必要がある。というのも，議会制民主主義の下での「国民の政治的意思の多様性は，平等に表明された政治的意思の結果として示されるべきものであって，多様性を作り出すために，**投票価値の平等を犠牲にして選挙制度を構築することは本末転倒**と言うべき」[18]だからである。（強調　引用者）
>
> [17] 上脇博之「判批」速報判例解説（法セ増刊）1号（2007年）12頁参照。
> [18] 木下智史「判批」平成18年度重判解（ジュリ1332号，2007年）7頁参照。」

と記述される。

　同記述に照らして、同教授は、「本件選挙（但し、選挙人数最大較差・1対3.00）は、違憲状態または違憲」との意見であろうと、推察される。

43　木下智史関西大学教授は、木下智史「参議院定数配分規定の合憲性——最高裁平成18年10月4日大法廷判決」ジュリスト No.1332 2007.4.10　7頁で、

> 「他方，「全国民の代表」の意義には，議員が選出母体による命令的委任の禁止に拘束されないとする禁止的規範意味のみならず，現実の国民の意思ができるだけ議会に反映されなければならないとする積極的規範意味があると説かれることから（樋口陽一・憲法Ⅰ〔現代法律学全集〕152頁），参議院議員の一部が都道府県単位を基礎に

選出されることも，「国民の利害や意見を公正かつ効果的に国政に反映させる」手段として，正当化される余地もあるかもしれない。

しかし，国民の政治的意思の多様性は，平等に表明された政治的意思の結果として示されるべきものであって，多様性を作り出すために，**投票価値の平等を犠牲にして選挙制度を構築すること**は**本末転倒**と言うべきである（むしろ，「全国民の代表」であることから，**議員1人当たりの選挙区人口も等しいことが要請される**と考える余地もある〔**渡辺良二・近代憲法における主権と代表241頁**〕）。」（強調　引用者）

と記述される。

同記述に照らして、同教授は、「本件選挙（但し、選挙人数最大較差・1対3.00）は、違憲状態または違憲」との意見であろうと、推察される。

44 上脇博之神戸学院大学教授は、上脇博之「参議院選挙区選挙の最大較差5.13倍を違憲とはしなかった2006年最高裁大法廷判決」速報判例解説憲法 No.1日本評論社12頁で、

「六　私見

そこで初心に戻ろう。立憲主義は国家権力に歯止めをかけ、選挙法は"実質的な意味での憲法"であるのだから、選挙制度を立法裁量とする憲法解釈論は厳しく批判されるべきだ。

議員定数不均衡問題においては、衆院の場合に限らず参院の場合でも「投票価値の平等」は憲法上の絶対的要請であり、それ以外の要因（例えば都道府県を単位とする地域代表）は憲法上の要請とはいえない[22]から、**1対1に限りなく近いこと（較差2倍以上は文面上違憲で、2倍以内でもやむをえない理由がない限り違憲）が要請される。**

投票前に1対1の平等でも投票率が35％対70％であれば較差2倍になってしまうので、投票前には人口でなく有権者数で比較し、投票時・後には投票者数で比較して「投票価値の平等」が要請されると解すべきである[23]。

議員定数不均衡が違憲か否かの判断は客観的になされるべきだか

ら合理的期間論を持ち込むべきではないし、違憲の結論が出れば、衆参ともに比例代表選出議員がいる以上、事情判決を用いずに選挙無効を判断しても混乱は生じないだろう。[24]」(強調　引用者)

[22] 木下智史「参議院議員定数配分規定の合憲性」平成18年度重判例解（ジュリ1332号（2007年4月10日号））6～7頁。
[23] 私見の詳細については、上脇博之『政党国家論と国民代表論の憲法問題』（日本評論社、2005年）275～80頁、361～65頁を参照。
[24] 参照、内藤光博「議員定数不均衡と改正の合理的期間」前掲註4）憲法判例百選Ⅱ〔第5版〕338～39頁。」

と記述される。

同記述に照らして、同教授は、「本件選挙（但し、選挙人数最大較差・1対3.00）は、違憲状態または違憲」との意見であろうと、推察される。

45　渡辺良二関西大学教授は、渡辺良二『近代憲法における主権と代表』法律文化社1988年　241～242頁で、

「もちろんこのように考えても問題がすべて解決するものではなく、また新たな問題も生ずる。

まず第一に、やはり二院制にかかわる問題がある。憲法上「全国民を代表する」というのは衆議院だけでなく参議院についても妥当するから、**参院の特色**をどう考えるかという問題はなお存在しているわけである。

この二院制の問題は、憲法制定時の保守的な政府の二院制の主張と総司令部の一院制論との妥協によって成立したという事情からいってたしかに厄介な問題ではある。しかし、まさにこの成立の事情からみて憲法が参院についても「全国民を代表する選挙された議員」という規定をおいたのは参院を衆院に対する特色の過度の強調から民主主義に反する制度とすることをさけるためのものであるということができるのである。参院の特色もその意味では他国とはことなり非常に制約されたものというべきであろう。また、人口比例を原則とすると現在の制度を前提する限り大幅な定数増が必要とな

るという問題がある。この点では、地方区の制度が必ずしも不変な
ものではない、ということとともに、**投票価値の平等は人口比例主
義と必然的に結合するが、人口比例主義は投票価値の平等の完全な
実現とイコールかどうかについて検討の余地がある。**」(強調　引用
者)

と記述される。

　即ち、同教授は、「人口比例選挙説」である。

　同記述に照らして、同教授は、「本件選挙（但し、選挙人数最大較差・1対
3.00）は、違憲状態または違憲」との意見であろうと、推察される。

46　**岩井伸晃**最高裁判所調査官、**市原義孝**最高裁判所調査官は、平成26
年度最高裁判所判例解説68巻6号1598（146）頁で、

「また，本判決は，前記（第2の3(1)イ（イ）c）のとおり，いわゆ
る**違憲状態を解消するための是正措置**につき，**都道府県を単位**とし
て各選挙区の定数を設定する現行の方式をしかるべき形で改めるな
ど，**現行の選挙制度の仕組み自体の見直しを内容とする立法的措置
が必要**であり，これによりできるだけ速やかに上記の状態が解消さ
れるべく具体的な改正案の検討と集約が着実に進められる必要があ
る旨を判示している。前記（第1の2(4)，(5)）のとおり，参議院の
選挙制度協議会においては，平成24年改正法の前記附則の定めに従
い，平成28年に施行される通常選挙に向けて上記の見直しを内容と
する選挙制度の改革の在り方について検討が行われ，その検討結果
を踏まえた政党間の協議等を経て，本判決の言渡しから約8か月後
の平成27年7月28日にいわゆる合区制を採用した平成27年改正法が
成立するに至っているところであり，本判決の趣旨を踏まえていわ
ゆる違憲状態を解消していくための立法的措置の在り方に関する**今
後の議論等の動向が注目されるところである**（平成27年改正法の附
則にも，平成31年に施行される通常選挙に向けて選挙制度の抜本的な見
直しについて引き続き検討を行う旨が明記されている。)[注22][注23]。」(強調

引用者）

「[22]平成24年改正法の施行後も、参議院の選挙制度の改革に関する検討会及び選挙制度協議会において選挙制度の見直しの在り方について検討が行われ（前記第1の2(4)、(5)等参照）、参議院各会派の提案の中には、投票価値の不均衡を是正する改正案として、①人口の少ない一定数の県の選挙区を隣接区と合区してその定数を削減し、人口の多い一定数の都道府県の選挙区の定数を増やす案（いわゆる合区制案）や、②選挙区の単位を都道府県に代えてより広域な区域に改める案（いわゆるブロック制案）等が含まれていた（なお、これらの案は、平成17年専門委員会報告書にも、選挙制度の改正の選択肢の例として挙げられていた。）。

[23]本判決の言渡し後、本判決及びこれと同旨の平成24年大法廷判決の趣旨を踏まえ、参議院の選挙制度の改革に関する検討会及び選挙制度協議会並びに各政党及び政党間において、前記注22の経緯を踏まえた具体的な改革案の集約に向けた検討と協議が進められ、平成27年7月28日、都道府県を各選挙区の単位とする従来の選挙制度の仕組みを改め、人口の少ない一定数の県の選挙区を隣接県の選挙区と合区してその定数を削減し（いわゆる合区制）、これに一定数の選挙区の定数の増減を組み合わせて選挙区間の最大較差を縮小する方式を初めて採用した平成27年改正法（自由民主党及び維新の党ほか3党〔次世代の党、日本を元気にする会及び新党改革〕の共同提案による議員立法）が成立した。

平成27年改正法は、(1)本則において、①定数2の県のうち議員1人当たりの人口の最も少ない4県（2組の隣接2県。鳥取・島根、徳島・高知）の各選挙区を合併して、合区後の2選挙区の定数を2とし（定数4減）、②定数4の県のうち議員1人当たりの人口の最も少ない3県（宮城、新潟、長野）の各選挙区の定数を2とし（定数6減）、③議員1人当たりの人口の最も多い1都1道3県（東京、北海道、愛知、兵庫、福岡）の各選挙区の定数を2ずつ増やすこと（定数10増）を内容とする改正（いわゆる10増10減の改正）を行い、(2)上記(1)①の合区後の選挙区につき、合同選挙区選挙管理委員会を設置し、選挙運動の数量に係る制限の特例を設けるなどの特例を定め、(3)附則において、①公布日（注・平成27年8月5日）から起算して3月を経過した日から一部の規定を除いて施行し、施行日以後に公示される選挙に適用する（附則1条、2条）とした上で、②平成31年に行われる通常選挙に向けて、参議院の在り方を踏まえて、選挙区間における議員1人当たりの人口の較差の是正等を考慮しつつ選挙制度の抜本的な見直しについて引き続き検討を行い、必ず結論を得るものとする（附則7条）と定めている。

平成24年改正法による定数の4増4減の措置後における本件選挙当時の選挙区間の最大較差はなお4.77倍であったが、平成27年改正法によるいわゆる合区制の導入及びこれに伴う定数の10増10減の措置により、平成22年10月実施の国勢調査結果による人口に基づく選挙区間における議員1人当たりの人口の最大較差は2.97倍に縮小することとなった。」

と記述される。

　同記述に照らせば、本件選挙（令和１年参院選（選挙区））は、47都道府県のうちの43都道府県については、都道府県単位の選挙区制度が見直されていないので、いわゆる**違憲状態**が解消されていないことになる。

　同記述に照らして、**岩井伸晃**最高裁判所調査官、**市原義孝**最高裁判所調査官は、個人の資格では、本件選挙の事実関係の下で、「**本件選挙（但し、選挙人数最大較差・１対3.00）の選挙区割りは、違憲状態又は違憲である**」との意見であろう、と推察される。

47　**岩井伸晃**最高裁判所調査官、**上村考由**最高裁判所調査官は、平成24年度最高裁判所判例解説2067（267）〜2068（268）頁で、

　　「また，前記２(3)のとおり，本判決は，上記の憲法判断に基づく論理的な帰結として，いわゆる**違憲状態を解消するための方策**につき，**都道府県を各選挙区の単位とする現行制度の仕組み自体の見直しの必要性**について指摘している（なお，本判決後の平成24年改正を経て平成25年７月21日に施行された参議院議員通常選挙につき，**最大判平成26・11・26**民集68巻９号1363頁は，同選挙当時において，平成24年改正後の参議院議員定数配分規定の下で選挙区間における投票価値の不均衡は同改正後も本件選挙当時と同様にいわゆる**違憲状態**にあったとし，平成25年の上記選挙までの間に更に上記規定の改正がされなかったことをもって国会の裁量権の限界を超えるものとはいえず，上記規定が憲法14条１項等に違反するに至っていたとはいえないとした上で，本判決と同様に，いわゆる違憲状態を解消するための方策につき，都道府県を各選挙区の単位とする現行制度の仕組み自体の見直しの必要性について指摘し，更に具体的な改正案の検討と集約が着実に進められるべき旨を判示している。）。もとより，選挙制度の改正の具体的な内容は立法裁量に係る事項であって，様々な選択肢の中でどのような方式を採用するかは，国会において参議院の在り方をも踏まえた高度に政治的な判断を含めて検討されるべき事柄であるが[注27]，今後，本判決の趣旨を踏まえていわゆる違憲状態を解消するための**制度の仕組み自体**

の見直しに向けた検討が進められていくことが必要となったものと
いえ（本判決の言渡し後に成立した平成24年改正法の附則にも，平成28
年に施行される参議院議員通常選挙に向けて選挙制度の抜本的な見直し
について引き続き検討を行う旨が明記されている。），この点に関する
今後の議論等の動向が注目されるところである。」（強調　引用者）

> 「[27]平成17年専門委員会報告書には，参議院議員選挙に係る選挙制度の改正の
> 選択肢の例として，いわゆる合区制のように人口の少ない県の選挙区を合併
> する方法や，いわゆるブロック制のように選挙区の単位をより広域な区域に
> 改める方法等が挙げられており，後記注28のとおり，本判決後の参議院の選
> 挙制度協議会での検討において座長や各会派から示された提案でもこれらの
> 方法等が挙げられている。」

と記述される。

　同記述に照らせば、47都道府県のうち43都道府県については、都道府県
単位の選挙区制度が見直されていないので、本件選挙は、いわゆる**違憲状**
態が解消されていないことになる。

　同記述に照らして、岩井伸晃最高裁判所調査官、上村考由最高裁判所調
査官は、個人の資格では、本件選挙の事実関係の下で、「本件選挙（但し、
選挙人数最大較差・1対3.00）の選挙区割りは、43都道府県については、**都道**
府県を単位とする選挙制度が見直されなかった以上、違憲状態または違憲
である。」との意見であろう、と推察される。

④（本書71〜93頁）

　下記**48〜65**（本書71〜93頁）記載の最高裁判事（当時または現在）・**23**
人は、下記**48〜65**記載の各判決文の中の同最高裁判事（当時または現
在）の意見、反対意見または法廷意見に照らして、本件選挙の事実関
係の下で、「本件選挙（但し、投票価値の最大較差・1対3.00）は、違憲状
態又は違憲である」との意見であろう、と推察される。

48　林景一最高裁判事は、平成29年大法廷判決（参）（民集71巻7号1160

（140）～1161（141）頁）で、

「(1)　「全国民の代表」を選出するに当たっての一人一票の原則及び
投票価値の平等は，投票で民意を決定する民主主義制度の根幹であ
る。憲法には投票価値の平等という言葉自体は明記されていないが，
投票価値の平等は，民主主義と平等原則から直接導かれる憲法上当
然の原則である。国際的な視点からも，我が国が昭和54年に批准し，
法律よりも優位にあると解される市民的及び政治的権利に関する国
際規約（いわゆるＢ規約）では，全ての市民の権利として「普通か
つ平等の選挙権」が定められ，平等の原則は普通選挙と対をなす重
要な原則とされていることがうかがえる。また，例えば，これまで
選挙区間の最大較差が比較的大きかった英国でも，未施行ながら，
「2011年議会投票制度及び選挙区法」において，下院選挙に関し，
原則として各選挙区の有権者数は全国の選挙区平均有権者数の**95％
以上105％以下**でなければならないとされている（すなわち，最大約
1.1倍の較差しか認められていない。）。このように，投票価値の平等
の追求は，民主主義の国際標準であり，国際的潮流であるといって
よい。

(2)　平等原則の下，最大較差3倍程度で合憲といえないとした場
合どの程度まで較差を縮小すればよいのか，という問題提起があろ
う。原理としては，一人一票の原則といわれることからも，**最大較
差がなるべく1.0倍に近くなければならない**ということになるが，
これは理想型であり，選挙区選挙という制度を選択する場合，実際
問題として，厳密な1対1という較差を実現するのは困難であるし，
そのために過度に人工的な区割りをすることが適当とも思われない。
**しかし，一般的には，一人二票というべき事態となることは原則と
して許容できないといえると考える。**」（強調　引用者）

と、意見を記述される。

　同記述に照らして、林景一最高裁判事は、本件選挙の事実関係の下で、
「本件選挙（但し、選挙人数最大較差・1対3.00）は、違憲状態または違憲」と

の意見であろうと、推察される。

49 **鬼丸かおる**最高裁判事（当時）は、平成29年大法廷判決（参）（民集
71巻7号1162（142）〜1166（146））頁）で、

「1　憲法は，参議院議員の選挙においても，衆議院議員の選挙と
同様に，国民の投票価値につき，**できる限り1対1に近い平等を基
本的に保障**していると考える。その理由については，平成26年大法
廷判決において私の反対意見1，2に述べたところであるから，そ
れを引用する。参議院は衆議院と等しく国権の最高機関として適切
に民意を国政に反映する機関であることが憲法上予定されているの
であり，参議院議員の選挙区選挙であることが，投票価値の1対1
に近い平等から遠ざかってよいことの理由にはなり得るものではな
い。

2　ところで，本件選挙に先立ち公職選挙法の一部改正が行われ，
4県2合区を含む10増10減案が可決成立し，本件選挙はこの改正法
の下で実施された。その結果，選挙時の投票価値の最大較差は3.08
倍に縮小した。参議院議員選挙区選挙で初めて一部合区がされ，投
票価値の最大較差が大幅に縮小されたことからすれば，投票価値に
関する国会の努力の方向性は正しいと評することができよう。

3　しかしながら，本件選挙における投票価値の最大較差の3.08
倍という数値自体からは，投票価値の平等を実現したとはいい難い。

さらに，以下のとおりの事情を総合考慮すると，本件定数配分規
定は違憲の問題が生ずる程度の著しい不平等状態にあったというべ
きであると考える。

（略）

4　国会は，平成24年大法廷判決の言渡しがされた平成24年10月
17日の時点で，投票価値の不平等状態を解消する立法措置が必要で
あると具体的な指摘を受けたのであるから，遅くとも同日，公職選
挙法等を改正すべき義務を負ったことを認識したものである。以降
本件選挙が実施されるまでには約3年9か月が経過し，国会が選挙

制度見直しの検討・法改正の手続や作業を了することは可能であったから，本件選挙までの間に違憲状態の是正がされなかったことは，国会の裁量権の限界を超えるものとの評価を免れず，本件選挙当時，本件定数配分規定は憲法に違反したものであった。

　5　上記の帰結として，本件選挙を無効とする結論が考えられるところである。従前の公職選挙法の一部改正法の附則にも，次回選挙までに選挙制度の抜本的な見直しについて引き続き検討を行い結論を得る旨の条項がありながらその実現がされなかったという過去の経緯や，**仮に本件選挙は無効という結論を採っても，本件選挙によって選出された議員だけが議席を失うのであって参議院の機能は失われることがないから公の利益に著しい障害を直ちに生じさせない**こと等を考えると，本件選挙を全部無効とする結論も採り得ると考える。

　しかしながら，平成27年改正法附則7条は，これまでの公職選挙法の一部改正法に付された附則の文言に比べ格段に強い決意を「平成31年に行われる参議院議員の通常選挙に向けて，参議院の在り方を踏まえて，選挙区間における議員1人当たりの人口の較差の是正等を考慮しつつ選挙制度の抜本的な見直しについて引き続き検討を行い，必ず結論を得るものとする。」と規定して表明していることからすれば，国会において違憲状態の解消のための努力が今後も継続され，平成31年の参議院議員通常選挙までには必ず投票価値の等価を基本とした抜本的な見直しがされることが強く期待される。そうであれば，本件選挙は違法というべきであるが，司法が直ちに選挙無効の結論を出すのではなく，まず国会自らが平成31年には必ず結論を得る旨を確約した是正の結果について司法が検証するということが，憲法の予定する立法権と司法権の関係に沿うものと考えるものである。

　以上のことから，本件定数配分規定は違憲であるが，いわゆる事情判決の法理により請求を棄却した上で，本件選挙は違法であることを宣言すべきであると考えるものである。」（強調　引用者）

と、反対意見を記述される。

　同記述に照らして、鬼丸かおる最高裁判事（当時）は、本件選挙の事実関係の下で、「本件選挙（但し、選挙人数最大較差・1対3.00）は、違憲」との意見であろう、と推察される。

50　山本庸幸最高裁判事（当時）は、平成29年大法廷判決（参）（民集71巻7号1166（146）〜1168（148）頁）で、

「1　投票価値の平等は唯一かつ絶対的基準

　　日本国憲法は，その前文において「日本国民は，正当に選挙された国会における代表者を通じて行動し，（略）主権が国民に存することを宣言し，（略）そもそも国政は，国民の厳粛な信託によるものであって，その権威は国民に由来し，その権力は国民の代表者がこれを行使し，その福利は国民がこれを享受する。」とし，代表民主制に支えられた国民主権の原理を宣明している。そして国を構成する三権の機関のうち，国会が国権の最高機関であり，国の唯一の立法機関と規定する（41条）。

　　したがって，このような民主国家の要となる国会を構成する衆議院及び参議院の各議員は，文字どおり公平かつ公正な選挙によって選出されなければならない。憲法43条1項が「両議院は，全国民を代表する選挙された議員でこれを組織する。」と規定するのは，この理を表している。その中でも本件にも関わる「公平な選挙」は，憲法上必須の要請である。すなわち，いずれの国民も平等に選挙権を行使できなければ，この憲法前文でうたわれている代表民主制に支えられた国民主権の原理など，それこそ画餅に帰してしまうからである。例えば国政選挙に際して特定の地域の一票の価値と他の地域の一票の価値とを比べて数倍の較差があったとすると，その数倍の一票の価値のある地域の国民が，もう一方の一票の価値が数分の一にとどまる地域の国民に対して，その較差の分だけ強い政治力を及ぼしやすくなることは自明の理である。これでは，せっかく主権が国民に存するといっても，「その権力は国民の代表者がこれを行

使し，その福利は国民がこれを享受する。」とはとてもいえないと考える。

　その意味で，国政選挙の選挙区や定数の定め方については，法の下の平等（14条）に基づく投票価値の平等が貫かれているかどうかが唯一かつ絶対的な基準になるものと解される。

　2　2割超の較差のある選挙制度は違憲無効

　なるほど多数意見のいうように「憲法は，国民の利害や意見を公正かつ効果的に国政に反映させるために選挙制度をどのような制度にするかの決定を国会の裁量に委ねているのであるから，投票価値の平等は，選挙制度の仕組みを決定する唯一，絶対の基準となるものではなく，国会が正当に考慮することができる他の政策的目的ないし理由との関連において調和的に実現されるべきものである。」として国会の裁量を広く認める見解を採った上で，衆議院議員選挙の場合であれば2倍程度の一票の価値の較差を許容する考え方もある。しかし，国民主権と代表民主制の本来の姿からすれば，投票価値の平等は，他に優先する唯一かつ絶対的な基準として，あらゆる国政選挙において真っ先に守られなければならないものと考える。これが実現されて初めて，我が国の代表民主制が国民全体から等しく支持される正統なものとなるのである。

　また，衆議院議員選挙の場合であれば2倍程度の一票の価値の較差でも許容され，これをもって法の下の平等が保たれていると解する考え方があるが，私は賛成しかねる。というのは，一票の価値に2倍の較差があるといっても，例えばそれがある選挙では2倍であったが，次の選挙では逆に0.5倍になるなどと，何回かの選挙を通じて巨視的に観察すれば地域間又は選挙区間でそうした較差の発生がおおむね平均化しているというのであれば，辛うじて法の下の平等の要請に合致しているといえなくもない。ところが，これまでの選挙の区割りをみると，おおむね，人口が流出する地域については議員定数の削減が追いつかずに一票の価値の程度は常に高く，人口が流入する地域については議員定数の増加が追いつかずに一票の価

値の程度は常に低くなってしまうということの繰り返しである。これでは後者の地域の国民の声がそれだけ国政に反映される度合いが一貫して低くなっていることを意味し，代表民主制の本来の姿に合致しない状態が継続していることを示している。

　したがって，私は，現在の国政選挙の選挙制度において法の下の平等を貫くためには，一票の価値の較差など生じさせることなく，どの選挙区においても投票の価値を比較すれば1.0となるのが原則であると考える。その意味において，これは国政選挙における唯一かつ絶対的な基準といって差し支えない。ただし，人口の急激な移動や技術的理由などの区割りの都合によっては１〜２割程度の一票の価値の較差が生ずるのはやむを得ないと考えるが，それでもその場合に許容されるのは，せいぜい２割程度の較差にとどまるべきであり，これ以上の一票の価値の較差が生ずるような選挙制度は法の下の平等の規定に反し，違憲かつ無効であると考える。」(強調　引用者)

と、反対意見を記述される。

　同記述に照らして、山本庸幸最高裁判事（当時）は、一人一票説であり、本件選挙の事実関係の下で、「本件選挙（但し、選挙人数最大較差・１対3.00）は、違憲無効」との意見であろう、と推察される。

　51　**大橋正春**最高裁判事（当時）は、平成26年大法廷判決（参）（民集68巻９号1389〜1390頁）で、

　「裁判官大橋正春の反対意見は，次のとおりである。

　　私は，多数意見と異なり，本件定数配分規定は本件選挙当時において憲法に違反し，本件選挙は違法であると考えるものである。

　　1　本件定数配分規定は，平成24年改正法による公職選挙法の改正（以下「平成24年改正」という。）において定められたものであるが，平成24年改正は，平成24年大法廷判決によって違憲の問題が生ずる程度の著しい不平等状態（以下「違憲状態」ともいう。）に至っ

ていたとされた平成18年改正による定数配分規定につき，**従前の選挙制度の仕組みに変更を加えることなく4選挙区で定数を4増4減して較差の縮小を図ったもので**，平成22年選挙当時1対5.00であった最大較差が本件選挙当時には1対4.77に縮小したものの，平成24年大法廷判決が指摘した**違憲状態**は同改正によっても解消されたとはいえないことは多数意見の指摘するとおりである。」

と、反対意見を記述される。

　同記述に照らせば、本件選挙（令和1年参院選（選挙区））は、47都道府県のうち43都道府県については、都道府県単位の選挙区制度が見直されていないので、いわゆる**違憲状態**が解消されていないことになる。

　同記述に照らして、大橋正春最高裁判事（当時）は、本件選挙の事実関係の下で、「本件選挙（選挙区）の選挙区割り（但し、選挙人数最大較差・1対3.00）は、違憲状態または違憲」との意見であろう、と推察される。

52　金築誠志、千葉勝美、白木勇、大谷剛彦、山浦善樹の5名の最高裁判事（当時）は、平成26年大法廷判決（参）（民集68巻9号1375頁）で、法廷意見に賛成し、

　　　「以上に鑑みると，人口の都市部への集中による都道府県間の人口較差の拡大が続き，総定数を増やす方法を採ることにも制約がある中で，半数改選という憲法上の要請を踏まえて定められた偶数配分を前提に，<u>上記のような**都道府県を各選挙区の単位とする仕組みを維持しながら投票価値の平等の実現を図るという要求に応えていくことは，もはや著しく困難な状況に至っているものというべきである**。</u>このことは，前記2(3)の平成17年10月の専門委員会の報告書において指摘されており，平成19年選挙当時も投票価値の大きな不平等がある状態であって**選挙制度の仕組み自体の見直しが必要である**ことは，平成21年大法廷判決において特に指摘されていたところでもある。これらの事情の下では，平成24年大法廷判決の判示するとおり，<u>平成22年選挙当時</u>，本件旧定数配分規定の下での前記の較差

が示す選挙区間における投票価値の不均衡は，投票価値の平等の重要性に照らしてもはや看過し得ない程度に達しており，これを正当化すべき特別の理由も見いだせない以上，違憲の問題が生ずる程度の著しい不平等状態に至っていたというほかはない。」（強調　引用者）

と記述される。

同記述に照らせば、本件選挙は、47都道府県のうち43都道府県については、都道府県単位の選挙区制度が見直されていないので、いわゆる**違憲状態**が解消されていないことになる。

同記述に照らして、金築誠志、千葉勝美、白木勇、大谷剛彦、山浦善樹の5名の最高裁判事（当時）は、全員、本件選挙の事実関係の下で、本件選挙（選挙区）の選挙区割り（但し、選挙人数最大較差・1対3.00）は、違憲状態である旨の意見であろう、と推察される。

53　田原睦夫最高裁判事（当時）は、平成24年大法廷判決（参）（民集66巻10号3403〜3406頁）で、

　「そこで、本件についてみるに、上告人らの選挙区と議員1人当たりの選挙人の数の最も少ない選挙区との投票価値の較差は、参議院議員選挙法制定時の選挙区間の最大較差1対2.62を大きく上回る1対4.37に及ぶのであって、上告人らの選挙人として有する投票の権利が実質的に侵害されていることは明らかである。

　（略）

　8　まとめ

　以上検討したとおり、何らの合理的理由もなく選挙区間における投票価値が4倍を超えるという違憲状態が長期間に亘って継続し、かつ、その解消のための選挙制度の**抜本的改正の必要性**が最高裁判所大法廷判決によって繰り返し指摘されてきたにもかかわらず、その改正作業に着手することなく施行された本件選挙は、憲法に反する違法な選挙制度の下で施行されたものとして**違法**であるといわざ

るを得ない。そして、前回選挙以後も抜本的な選挙制度改革についての具体的な提案が国会に上程されるに至っていないという国会の著しい怠慢は座視するに忍びず、前回の選挙について事情判決によるべきであるとする意見と異なり、**本件選挙については選挙無効の判決をなすべきではないかとも思慮される。**

　しかし、本件選挙が平成21年大法廷判決から9か月余で施行されたこと、本件選挙に先立って参議院議長の諮問機関である参議院改革協議会の下に設けられた専門委員会において、平成22年5月に制度改革の工程表が示され、平成23年中に参議院議員改革の公職選挙法改正案を国会に上程することが定められるなど参議院選挙制度改革に向けた具体的な方針が提示されていた等の諸事情を考慮すれば、<u>本件選挙については、なお事情判決の法理によって処理するのも已むを得ないものと思料する。</u>」（強調　引用者）

と、反対意見を記述される。

　同記述に照らせば、本件選挙は、47都道府県のうち43都道府県については、都道府県単位の選挙区制度が見直されていないので、いわゆる**違憲状態**が解消されていないことになる。

　同反対意見に照らして、田原睦夫最高裁判事（当時）は、本件選挙の事実関係の下で、本件選挙（選挙区）の選挙区割り（但し、選挙人数最大較差・1対3.00）は、違憲状態または違憲である旨の意見であろう、と推察される。

54　須藤正彦最高裁判事（当時）は、平成24年大法廷判決（参）（民集66巻10号3411〜3420頁）で、

　　「もっとも、そのような専門的意見も、反映されるべき長期的かつ総合的な視点からの専門的意見、あるいは多角的な又は少数者ないし弱者に関わる多くの意見のうちの限定された一部にしかすぎないから、<u>参議院の独自性の一内容としての地域的特性への配慮ということは、投票価値の平等に譲歩を求めるに当たって決して大きくは</u>

評価できないというべきであり、しかも、前記のとおり、その譲歩は最小限度にとどめられなければならないから、そのことよりすると、**1対2前後程度**の最大較差が考えられ得る許容範囲ということになろう（なお、衆議院議員選挙区画定審議会設置法3条1項参照）。（略）

(3)しかしながら、**平成25年選挙に至ってもなお現状のままで選挙制度の枠組みの改変について見るべき取組も見いだされない状態であるならば、同選挙における選挙無効訴訟の提起された選挙区の選出議員の選挙に限っては無効とせざるを得ない**というべきである。<u>この場合、参議院は、同選挙におけるその余の選挙区選出議員、非改選の選挙区選出議員及び比例区選出議員のみによって審議がなされる</u>ということが避けられないことになる。」（強調　引用者）

と、反対意見を記述される。

　同記述に照らせば、須藤判事（当時）は、【参院選・最大較差・1対2倍前後程度説】に立つ以上、本件選挙の選挙区割りは、選挙人数最大較差の1対3.00（本件選挙日の時点。国の意見書70頁）であるので、**違憲である**、との意見であろう、と推察される。

55　竹﨑博允、金築誠志、千葉勝美、横田尤孝、白木勇、大谷剛彦、山浦善樹の7名の最高裁判事（当時）は、平成24年大法廷判決（参）（民集66巻10号3368〜3370頁）で、法廷意見に賛成し、

　　「(2)　さきに述べたような憲法の趣旨、参議院の役割等に照らすと、参議院は衆議院とともに国権の最高機関として適切に民意を国政に反映する責務を負っていることは明らかであり、参議院議員の選挙であること自体から、直ちに投票価値の平等の要請が後退してよいと解すべき理由は見いだし難い。昭和58年大法廷判決は、参議院議員の選挙制度において都道府県を選挙区の単位として各選挙区の定数を定める仕組みにつき、都道府県が歴史的にも政治的、経済的、社会的にも独自の意義と実体を有し、政治的に一つのまとまりを有

する単位として捉え得ることに照らし、都道府県を構成する住民の意思を集約的に反映させるという意義ないし機能を加味しようとしたものと解することができると指摘している。都道府県が地方における一つのまとまりを有する行政等の単位であるという点は今日においても変わりはなく、この指摘もその限度においては相応の合理性を有していたといい得るが、これを参議院議員の選挙区の単位としなければならないという憲法上の要請はなく、むしろ、**都道府県を選挙区の単位として固定する**結果、その間の人口較差に起因して投票価値の大きな不平等状態が長期にわたって継続していると認められる状況の下では、**上記の仕組み自体を見直すことが必要になる**ものといわなければならない。また、同判決は、参議院についての憲法の定めからすれば、議員定数配分を衆議院より長期にわたって固定することも立法政策として許容されるとしていたが、この点も、ほぼ一貫して人口の都市部への集中が続いてきた状況の下で、数十年間にもわたり投票価値の大きな較差が継続することを正当化する理由としては十分なものとはいえなくなっている。さらに、同判決は、参議院議員の選挙制度の仕組みの下では、選挙区間の較差の是正には一定の限度があるとしていたが、それも、短期的な改善の努力の限界を説明する根拠としては成り立ち得るとしても、数十年間の長期にわたり大きな較差が継続することが許容される根拠になるとはいい難い。平成16年、同18年及び同21年の各大法廷判決において、前記3のとおり投票価値の平等の観点から実質的にはより厳格な評価がされるようになってきたのも、較差が5倍前後で推移する中で、前記(1)においてみたような長年にわたる制度と社会の状況の変化を反映したものにほかならない。

　(3)　現行の選挙制度は、限られた総定数の枠内で、半数改選という憲法上の要請を踏まえた偶数配分を前提に、都道府県を単位として各選挙区の定数を定めるという仕組みを採っているが、人口の都市部への集中による都道府県間の人口較差の拡大が続き、総定数を増やす方法を採ることにも制約がある中で、このような都道府県を

各選挙区の単位とする仕組みを維持しながら投票価値の平等の実現を図るという要求に応えていくことは、もはや著しく困難な状況に至っているものというべきである。このことは、前記2(4)の平成17年10月の専門委員会の報告書において指摘されていたところであり、前回の平成19年選挙についても、投票価値の大きな不平等がある状態であって、**選挙制度の仕組み自体の見直しが必要である**ことは、平成21年大法廷判決において特に指摘されていたところである。それにもかかわらず、平成18年改正後は上記状態の解消に向けた法改正は行われることなく、本件選挙に至ったものである。これらの事情を総合考慮すると、本件選挙が平成18年改正による4増4減の措置後に実施された2回目の通常選挙であることを勘案しても、本件選挙当時、前記の較差が示す選挙区間における投票価値の不均衡は、投票価値の平等の重要性に照らしてもはや看過し得ない程度に達しており、これを正当化すべき特別の理由も見いだせない以上、**違憲の問題が生ずる程度の著しい不平等状態に至っていた**というほかはない。」(強調　引用者)

と記述される。

　同記述に照らせば、本件選挙は、47都道府県のうち43都道府県については、都道府県単位の選挙区制度が見直されていないので、いわゆる**違憲状態**が解消されていないことになる。

　同法廷意見に照らして、竹﨑博允、金築誠志、千葉勝美、横田尤孝、白木勇、大谷剛彦、山浦善樹の7名の最高裁判事(当時)、全員，本件選挙の事実関係の下で、本件選挙(選挙区)の選挙区割り(但し、選挙人数最大較差・1対3.00)は、違憲状態である旨の意見であろう、と推察される。

56　**近藤崇晴**最高裁判事(当時)は、平成21年大法廷判決(参)(民集63巻7号1566(122)～1570(126)頁)で、

　「2　本件定数配分規定の憲法適合性

　　このような観点によって本件選挙について見ると、本件定数配分

規定の下における選挙区間の議員１人当たりの選挙人数の最大較差は、１対4.86に及んでいた。この数値は、投票価値の平等がほぼ実現されているといえる最大２倍未満の較差を著しく逸脱するものであり、異なる選挙区間の選挙人の投票価値の平等を大きく損なうものであったといわなければならない。

（略）

4　抜本的改正の必要性

　参議院議員の選挙制度の上記のような基本的な仕組みは、昭和22年に制定された参議院議員選挙法において既に採用されていたものであるが、その当時においては、選挙区間における人口を基準とする**最大較差は１対2.62**にとどまっていた。最大較差が２倍を超えてはいたが、上記のような国会が正当に考慮することができる政策的目的ないし理由との関連において、投票価値の平等も調和的に実現していたものと評価することができる。しかし、その後の人口変動に伴い、人口ないし選挙人数が改選議員１人当たりの全国平均をはるかに下回る県が増加したことによって、最大較差を４倍以内に収めることすらできなくなったのである。すなわち、参議院議員の選挙制度の基本的な仕組みとして前記の諸点のすべてを維持する限りは、これらの政策的目的ないし理由との関連において投票価値の平等を調和的に実現することは不可能となったものというべきである。これを解決するためには、参議院議員の選挙制度の基本的な仕組みのうち、例えば**選挙区割りの見直し**など、憲法の要求する点以外の点について見直しを行い、これを**抜本的に改正することが不可避**であると考えられる。

　なお、明年７月に施行される次回の参議院議員通常選挙までには、最小限の是正措置を講ずることは別として、上記のような抜本的な見直しを実現することは困難であろうが、国会においては、４年後に施行される次々回の参議院議員通常選挙までには、憲法の要求する投票価値の平等を他の政策的目的ないし理由との関連において調和的に実現するために、参議院議員の選挙制度の**抜本的見直し**を行

うことが、憲法の要請にこたえるものというべきである。次々回の選挙もこのような抜本的な見直しを行うことなく施行されるとすれば、定数配分規定が違憲とされるにとどまらず、前記**事情判決の法理**によることの是非が検討されることになろう。」（強調　引用者）

と、反対意見を記述される。

　同反対意見の記述に照らせば、同判事は、【抜本的見直しがされず、選挙人数最大較差・１対3.00（本件選挙日の時点。国の意見書70頁）であった本件選挙の事実関係】の下で、「本件選挙の選挙区割りは、**違憲**」との意見であろう、と推察される。

57　宮川光治最高裁判事（当時）は、平成21年大法廷判決（参）（民集63巻7号1570（126）〜1572（128）頁）で、

　「衆議院及び参議院の各議員を選挙する権利は、国民主権を実現するための、国民の最も重要な基本的権利である。人口は国民代表の唯一の基礎であり、投票価値の平等は憲法原則である。したがって、法律により選挙区や定数配分を定めるには、人口に比例して選挙区間の投票価値の比率を**可能な限り1対1**に近づけなければならない。憲法が参議院の役割について示すところは、衆議院に対する抑制・均衡・補完の機能を通じて、国会の審議を慎重にし、これによって衆議院と共に、国民代表機関たる国会を万全たらしめることに尽きる。そのような参議院の役割・独自性などを十分に機能させるべく、選挙制度を構築するに際し、国会が正当に考慮できる事柄があり得るとしても、選挙区間の投票価値の最大較差が２倍を超えることがないよう、その範囲で考慮すべきものである。

（略）

　私は、この多数意見には賛成できない。私は、本件定数配分規定は、本件選挙当時、違憲無効の状態にあったと考える。そして、事情判決の法理により、主文において本件選挙が違法である旨を宣言するとともに、将来、選挙無効請求事件において、**選挙結果を無効**

とすることがあり得ることを付言すべきものと考える。」（強調　引用者）

と、反対意見を記述される。

　同反対意見の記述に照らして、一人一票説に立つ宮川判事（当時）は、【本件選挙の選挙人数最大較差・１対3.00であった本件選挙の事実関係】の下で、「本件選挙（但し、選挙人数最大較差・１対3.00）は、違憲状態または違憲」との意見であろうと、推察される。

58　那須弘平最高裁判事（当時）は、平成21年大法廷判決（参）（民集63巻７号1542（98）〜1544（100）頁）で、

　　「１　国民が議会構成員を選挙するについては，一人一票の原則を基本とすべきであるから，ある選挙人に与えられる投票の価値が他の選挙人に与えられる投票の価値の**２倍以上となる事態は極力避けなければならない。**

　　（略）

　　したがって，**参議院議員選挙**における投票の価値を考えるのに，選挙区における投票と比例代表における投票とを一体のものと見て，両者を総合して計算することはごく自然なことである。

　　（2）　比例代表選挙は全都道府県を通じて一つの単位として投票が行われるから各選挙人の投票価値に差はない。したがって，これを選挙区選挙の投票価値と合わせて計算すれば，選挙区選挙だけの場合に比べて較差はかなり緩和されたものとなる。詳細は平成18年大法廷判決（多数意見３項掲記の平成18年10月４日判決）における私の補足意見の中で指摘したとおりであるから省くとして，結論だけ見れば，前回選挙では，最も投票価値の低い東京都を１とした場合，最大較差は鳥取県の2.89であった。本件選挙について同様な方法で計算すると，最も投票価値の低い神奈川県を１とした場合，最大較差は鳥取県の2.83となる。この較差は前回よりわずかに縮小しているが，投票価値の平等という点で問題であることに違いはなく，こ

の較差を少なくとも**1対2未満**に収める必要があることは前述のとおりである。」（強調　引用者）

と反対意見を記述される。

　同反対意見の記述に照らして、投票価値最大較差・1対2未満説に立つ那須判事（当時）は、「本件選挙（但し、選挙人数最大較差・1対3.00）は、違憲状態または違憲」との意見であろうと、推察される。

　59　滝井繁男最高裁判事（当時）は、平成18年大法廷判決（参）（民集60巻8号2723（77）〜2725（79）頁）で、
　　「むしろ、私は、公正かつ効果的な国民意思を反映させるための代表選出の方法を選択する上で、国会に裁量権はあるにしろ、投票価値の平等が憲法上の要請である以上、平等という言葉の通常持っている意味に照らし**参議院**においても**2倍**を超える較差が生じるような方法を選ぶことは本来的に正当性を持ち得ないと考えるのである。（略）
　　　したがって、原判決を変更し、**事情判決の法理**によって上告人らの請求を棄却するとともに、主文において本件選挙が違憲である旨の宣言をするのが相当である。」（強調　引用者）

と、反対意見を記述される。

　同記述に照らして、同判事は、本件選挙の選挙区割りは、その選挙人数最大較差が1対3.00（本件選挙日の時点。国の意見書70頁）であり、同判事が合憲の上限値とする、人口較差・1対2を超過するので、本件選挙の事実関係の下で、「本件選挙の選挙区割り（但し、選挙人数最大較差・1対3.00）は、**違憲**」との意見であろう、と推察される。

　60　才口千晴最高裁判事（当時）は、平成18年大法廷判決（参）（民集60巻8号2729（83）〜2731（85）頁）で、
　　「これを本件選挙についてみると、選挙区間における議員1人当た

りの選挙人数の最大較差は1対5.13となっていた。これは議員1人
当たりの選挙人が最少の選挙区の1票が選挙人が最多の選挙区の1
票の5倍強の投票価値を有することを意味し、最少の選挙区の選挙
人は、1人で実質5票を与えられたことになる。しかも、このよう
な**2倍を超える不平等**が、程度の差はあれ、半数以上の選挙区に生
じている実態をみれば、本件定数配分規定は、憲法が保障する投票
価値の平等の原則に大きく違背し、憲法に違反することは明白であ
る。

（略）

　6　よって、私は、本件においては、原判決を変更し、公益上の
見地から無効判決ではなく請求棄却の**事情判決にとどめ、主文にお
いて本件選挙が違法である旨の宣言**をするのが相当であると思料す
る。」（強調　引用者）

と、反対意見を記述される。

　同記述に照らして、同判事は、本件選挙の選挙区割りは、その選挙人数
最大較差が1対3.00（本件選挙日の時点。国の意見書70頁）であり、同判事が
合憲の上限値とする、人口最大較差・1対2を超過するので、本件選挙の
事実関係の下で、「本件選挙（但し、選挙人数最大較差・1対3.00）は、**違憲で**
あり、事情判決の法理を用いて違憲宣言する」との意見であろう、と推察
される。

　61　**福田博**最高裁判事（当時）は、平成16年大法廷判決（参）（民集58巻
1号77（77）～84（84）頁）で、
　　「キ　なお、一言付言すると、反対意見の中には現在の公職選挙法
　　で認められている1票の較差を違憲とするものの、最大較差2倍ま
　　でを合憲として許容する立場のものも多い。この考えは、長年にわ
　　たり大きな較差が存続している情況の中で、較差の是正に向けて、
　　やや現実との妥協を図って提案されているものであり、それなりに
　　好意的な受け取めをされることがある。私も、平成8年大法廷判決

における反対意見で、この考えに同調したことがある。しかし、この提案は、やはり正しくないというのがその後の私の考えである。すなわち、<u>現代民主主義政治における投票価値の平等とはあくまでも1対1を基本とするもので</u>、1対2は1対1ではない（別の言い方をすると、1対2が認められるのであれば、どうして1対3や1対4が認められないのかは、理論的に説明できない。）。

（略）

(4)ア　以上のとおり、定数配分規定は、本件選挙当時において明らかに違憲であったものであるが、本判決は、選挙後すでに2年半を経過してようやく行われるものであって、今さら無効と宣言することは無用の混乱を招きかねないことから、いわゆる**事情判決の法理**により、主文において本件選挙の違法を宣言するにとどめるのが適当と考える。」（強調　引用者）

と、追加反対意見を記述される。

　同記述に照らして、同判事は、「その選挙人数最大較差が1対3.00（本件選挙日の時点で。国の意見書70頁）であり、人口比例でないので、本件選挙の事実関係の下で、本件選挙（但し、選挙人数最大較差・1対3.00）の選挙区割りは、**違憲**」との意見であろう、と推察される。

62　**梶谷玄**最高裁判事（当時）は、平成16年大法廷判決（参）（民集58巻1号84（84）〜88（88）頁）で、

「(1)　憲法14条等に定める平等の原則により、民主主義の根幹を成す投票価値の平等は、厳格に解釈されるべきであり、選挙区間における議員1人当たりの選挙人数又は人口の較差は、**できるだけ1対1に近づけるべきである**が、1対2を超える較差が生じたときは投票価値の不平等が到底看過することができない程度に達しており、立法裁量権の限界を超えたものとして違憲である。

（略）

エ　むすび

　　以上のとおり、本件定数配分規定は、国会の立法裁量の範囲内に
あるとは到底いい難く、憲法に定める投票価値の平等条項に反して
違憲であり、このような代表制民主主義の根幹を揺るがす不平等を
裁判所が合憲として容認することは、司法が、司法権の謙抑的な行
使の名目の下に、憲法に定める違憲立法審査権の適切な行使を怠っ
ているというべきである。

　　よって、本件定数配分規定は違憲であるが、国会による真摯かつ
速やかな是正を期待し、今回は**事情判決の法理**に従い本件選挙を違
法と宣言するにとどめ、無効とはしないものとするのが相当である。
**ただし、本件のような違憲状態が将来も継続するときには、選挙の
無効を宣言すべきであると考える。**」（強調　引用者）

と、追加反対意見を記述される。

　同記述に照らして、同判事は、本件選挙の選挙人数最大較差が1対3.00
であり、同判事が合憲の上限値とする、人口較差・1対2を超過するので、
本件選挙の事実関係の下で、「本件選挙（但し、選挙人数最大較差・1対3.00）
の選挙区割りは、**違憲**」との意見である、と推察される。

　63　**深澤武久**最高裁判事（当時）は、平成16年大法廷判決（参）（民集58
巻1号89（89）～91（91）頁）で、

　　「(4)　投票価値の平等と参議院の独自性の調和を立法目的とした参
議院発足時における参議院議員選挙法における議員1人当たりの人
口の**最大較差は1対2.62**であったが、その後の人口移動等によって
不均衡問題は深刻化し、憲法上の問題として論ぜられるに至り、国
民の投票価値の平等についての意識が高くなった現在においては、
人口較差が**1対2**を超えるときは憲法の許容する枠を超えて**違憲**と
なるものと考える。

　　（略）

　　本件選挙当時の議員定数配分規定は、憲法14条1項、44条ただし

書の規定に反し、同法98条１項によって無効であって、それに基づいて行われた本件選挙は無効であるから、原判決を破棄して**本件選挙の無効の判決**をすべきものである。」（強調　引用者）

と、追加反対意見を記述される。

　同記述に照らして、同判事は、「その選挙人数最大較差が１対3.00（本件選挙日の時点。国の意見書70頁）であり、同判事が合憲の上限値とする、人口較差・１対２を超過するので、本件選挙の事実関係の下で、本件選挙（但し、選挙人数最大較差・１対3.00）の選挙区割りは、**違憲**」との意見であろう、と推察される。

64　濱田邦夫最高裁判事（当時）は、平成16年大法廷判決（参）（民集58巻１号93（93）〜94（94）頁）で、

　　「(2)　代表民主制を採る我が憲法の下においては、選挙を通じて代表者を選出する国民各自の権利が、形式的にのみならず、実質的にも平等に保たれるべきことは、憲法の要請するところと解されるのであり、とりわけ憲法により国権の最高機関であり国の唯一の立法機関であるとされる国会において、衆議院に一部劣後するとはいえほぼ同等の地位を与えられている参議院の選挙制度についても、このことが強く求められているものといわなければならない。したがって、同院の選挙区選挙制度においては、選挙区間における選挙人数又は人口の較差は、可能な限り１対１に近接させるのが望ましいことは、いうまでもないところである。もっとも、投票価値の平等は選挙制度の仕組みを決定する唯一、絶対の基準となるものではないと解されるのであり、国会がその裁量権の範囲内において考慮することが許される他の要素を考慮したために、上記の較差がそれより拡大することとなっても、やむを得ない場合があると考えられる。しかしながら、上記の較差が１対２以上に及ぶ場合には、**実質的に１人が２票**ないしそれ以上の投票権を有するのと異ならないことになるといわざるを得ないから、いかなる場合にもこのような較差を

生ずる定数配分を是認することはできないものというべきである。
（略）

したがって、同別表に合理性があるということはできず、本件定数配分規定は、**憲法に違反する**ものというべきである。

もっとも、諸般の事情に照らし、いわゆる**事情判決の法理**に従い、本件選挙を違法と宣言するにとどめ、これを無効としないのが相当であるが、私は、今後も上記の違憲状態が是正されないまま参議院議員選挙が繰り返されることを防ぐために、当審としては、諸外国の一部の憲法裁判所制度で採用されているように、違憲状態にある議員定数配分を一定期間内に憲法に適合するように是正することを立法府に求め、そのように是正されない定数配分に基づく**将来の選挙を無効とする旨の条件付宣言的判決の可能性も検討すべきものと考える。**」（強調 引用者）

と、追加反対意見を記述される。

同記述に照らして、同判事は、本件選挙の事実関係の下で、「本件選挙の選挙人数最大較差が１対3.00であり、同判事が合憲の上限値とする、人口較差・１対２を超過するので、本件選挙の選挙区割りは、**違憲**」との意見である、と推察される。

65 尾崎行信最高裁判事（当時）および福田博最高裁判事（当時）は、平成10年大法廷判決（参）（民集52巻６号1403（31）～1405（33）頁）で、

「３ 我々も、選挙の仕組みの抜本的改正を含め投票価値が**可能な限り１対１に近づくべく最善の努力**が誠実にされたにもかかわらず生じた不平等についてはこれを合憲と認める用意はあるが、本件改正に至る過程でこうした努力がされたとは到底認められない。改正前の定数配分規定が投票価値の平等との関係で合憲か否かは長年にわたって最も重要な課題の一つとして検討されており、現行の選挙区割り及び最低２人配分制を維持したとしても、最大較差を相当程度減少させる議員定数の配分方式が存在することが広く指摘されて

きた。一方、多数意見が指摘するように、本件改正は選挙区間における較差を是正する目的で行われたが、現行の「選挙制度の仕組みに変更を加えることなく」「できる限り増減の対象を少なくし、かつ、いわゆる逆転現象を解消することとして」改選議員定数を4増4減するにとどめた。その結果最大4.81倍に及ぶ較差が残ったのである。この点につき、原判決は、現行選挙の仕組みと大きな人口移動という限界の下で選挙区間の不平等状態を是正しようとすれば、選挙区の最大定数を8人のまま維持することの当否も問題となり得るところである旨判示している。確かに現在の8人区を10人区とするだけでも最大較差を更に縮小させられる。つまり、現行の選挙の仕組みの下においてすら、相応の努力と工夫を行えば、較差を現存する4.81倍よりも相当程度減少させる方法があったのに、そうした手段すら採らなかったのであり、その理由は一切示されていない。**我々は、憲法の要求は較差を1対1に近づけること**であり、この種の暫定的是正では到底合憲と認めるに足りないと考えるものであるが、本件改正に当たって国会がこうした手段によるなどたとえ不十分であっても改善に向けて誠実に最善の努力を尽くしたとも認め難い。とすると、改正後の本件定数配分規定に存在する右の不平等は、合理性・必要性などそれを正当化する理由を有しないというほかない。本件のように議員1人当たりの人口が最小の鳥取県を基準として1対2以上の投票価値の不平等が47選挙区中23区（48.9パーセント）に存在する現行の仕組みは、もはや反証の有無を論ずる必要もない程度にまで明白に**憲法に違反する**と考える。」（強調　引用者）

と、追加反対意見を記述される。

　同追加反対意見に照らして、1人1票説に立たれる尾崎行信最高裁判事（当時）および同じく、1人1票説に立たれる福田博最高裁判事（当時）は、本件選挙に関する事実関係の下で、「本件選挙（但し、選挙人数最大較差・1対3.00）は、違憲」との意見であろう、と推察される。

平成24年；26年；29年の３個の大法廷判決（参）についての夫々の「最高裁判所判例解説」に掲載された、当該各大法廷判決について評釈した小計・**30個の論文の分類**（下記**【表１】参照**（本書101〜102頁））：

1 平成29年大法廷判決（参）：

平成29年度最高裁判所判例解説【民事関係】法曹時報70巻８号2297頁は、平成29年大法廷判決（参）を、評釈した論文等として、下記①〜⑩の各論文を掲載する。

- ① 千葉勝美・法律時報89巻13号４頁
- ② 多田一路・TKC ローライブラリー新判例解説 Watch 憲法 No. 134
- ③ 堀口悟郎・法学セミナー756号96頁
- ④ 松本和彦・法学教室448号123頁
- ⑤ 只野雅人・論究ジュリスト24号198頁
- ⑥ 加藤隆佳・選挙時報67巻２号25頁
- ⑦ 伊藤真・法学セミナー758号36頁
- ⑧ 齊藤愛・法学教室450号44頁
- ⑨ 毛利透・判例時報2354号134頁
- ⑩ 中丸隆・ジュリスト1514号83頁（①〜⑩の文言　引用者挿入）

（小計・**10個の論文**）

(1) 　1 の全10人の論文執筆者のうちの９人、すなわち、

①の千葉勝美元最高裁判事は、上記Ⅱ、24（本書47〜48頁）に示した理由により；

②の多田一路教授は、上記Ⅱ、22（本書45〜46頁）に示した理由により；

③の堀口悟郎教授は、上記Ⅱ、17（本書38〜39頁）に示した理由により；

④の松本和彦教授は、上記Ⅱ、16（本書37～38頁）に示した理由により；

⑤の只野雅人教授は、上記Ⅱ、20（本書40～43頁）に示した理由により；

⑦の伊藤真弁護士は、本件裁判の選挙人らの代理人として、統治論に基づく人口比例選挙説により；

⑧の齊藤愛教授は、上記Ⅱ、11（本書29～31頁）に示した理由により；

⑨の毛利透教授は、上記Ⅱ、2（本書11～15頁）に示した理由により；

⑩の中丸隆最高裁調査官（当時）は、上記Ⅱ、23（本書47頁）に示した理由により；

それぞれ、本件選挙に関する事実関係の下で、「本件選挙（但し、投票価値の最大較差・1対3.00）の選挙区割りは、違憲状態または違憲」との意見であろう、と推察される（但し、伊藤真弁護士は、筆者と同じく、「本件選挙は違憲無効」との意見である。）。

(2)　残余の１人（⑥論文の執筆者・加藤隆佳総務省選挙部管理課訴務専門官）は、⑥論文の記述に照らして、本件選挙（但し、選挙人数最大較差・1対3.00）の選挙区割りは、「違憲状態である」との意見であるか、または「違憲状態でない」との意見であるか、不明である。

2　平成26年大法廷判決（参）：

平成26年度最高裁判所判例解説【民事関係】法曹時報68巻6号1607頁は、平成26年大法廷判決（参）を、評釈した論文等として、下記①～⑦の各論文を掲載する。

① 櫻井智章・TKCローライブラリー新判例解説 Watch No.92

② 斎藤一久・法学セミナー60巻2号110頁

③ 中川登志男・専修法研論集専修大学大学院紀要56号249頁

④ 市川正人・平成26年度重要判例解説8頁

⑤ 高作正博・判例評論680号2頁（判例時報2265号132頁）

⑥ 岩間昭道・自治研92巻5号136頁

⑦　岩井伸晃＝市原義孝・ジュリスト1476号66頁（①～⑦の文言　引用者挿入）

（小計・**7個の論文**）

(1)　2の①～⑦の合計7人の論文執筆者のうちの6人、すなわち、

①の櫻井智章教授は、上記II、**18**（本書39頁）に示した理由により；

②の斎藤一久教授は、上記II、**7**（本書20～22頁）に示した理由により；

③の中川登志男教授は、上記II、**39**（本書62～63頁）に示した理由により；

④の市川正人教授は、上記II、**21**（本書44～45頁）に示した理由により；

⑤の高作正博教授は、上記II、**9**（本書24～26頁）に示した理由により；

⑦の岩井伸晃＝市原義孝最高裁判所調査官（当時）は、上記II、**46**（本書68～70頁）に示した理由により；

それぞれ、本件選挙に関する事実関係の中で、「本件選挙（但し、選挙人数最大較差・1対3.00）の選挙区割りは、違憲状態または違憲である」との意見である、と推察される。

(2)　残余の1人、⑥論文の岩間昭道千葉大学名誉教授は、岩間昭道「参議院選挙区選挙の一票の最大較差・4.77倍を違憲状態とした事例──平成25年参議院議員定数訴訟大法廷判決」自治研究92巻5号145頁で、

　　「（四）　許容較差　地域代表の要素が憲法上の根拠をもつとすれば、現行選挙制度のもとでの人口偏差は、衆議院については1対2まで、参議院については、半数改選制と議員定数が少ないことに鑑み、1対1程度まで許容されると解される。」

と記述される。

③ 平成24年大法廷判決（参）

平成24年度最高裁判所判例解説【民事関係】法曹時報67巻7号2078頁は、平成24年大法廷判決（参）を、評釈した論文等として、下記①〜⑬の各論文を、掲載する。

① 新井誠・平成24年度重判解説8頁，法学研究87巻2号133頁

② 上田健介・新判例解説 Watch（Vol.12）35頁

③ 榎透・法学セミナー697号128頁

④ 大竹昭裕・青森法政論叢14号173頁

⑤ 工藤達朗・論究ジュリスト4号92頁

⑥ 櫻井智章・甲南法学53巻4号507頁

⑦ 高橋和之・立憲主義と日本国憲法〔第3版〕163頁

⑧ 辻村みよ子・憲法判例百選Ⅱ〔第6版〕332頁

⑨ 前硲大志・阪大法学63巻1号187頁

⑩ 牧野力也・筑波法政54号51頁

⑪ 横山真通・法律のひろば平成25年8月号51頁

⑫ 吉川和宏・判時2187号148頁（判例評論654号2）

⑬ 岩井伸晃＝上村考由・ジュリスト1457号90頁（①〜⑬の文言引用者挿入）

（小計・**13**個の論文）

(1) ③の①〜⑬の合計14人の論文執筆者のうちの8人、すなわち、

③ 榎透教授は、上記Ⅱ、38（本書61〜62頁）に示す根拠により；

⑤ 工藤達朗教授は、上記Ⅱ、10（本書26〜29頁）に示す根拠により；

⑥ 櫻井智章教授は、上記Ⅱ、18（本書39頁）に示す根拠により；

⑧ 辻村みよ子教授は、上記Ⅱ、27（本書50頁）に示す根拠により；

⑩ 牧野力也教授は、上記Ⅱ、37（本書60〜61頁）に示す根拠により；

⑫ 吉川和宏教授は、上記Ⅱ、36（本書59〜60頁）に示す根拠により；

⑬　岩井伸晃＝上村考由最高裁調査官（当時）は、上記Ⅱ、47（本書
　　70〜71頁）に示す根拠により；

いずれも、「本件選挙（但し、選挙人数最大較差・1対3.00）の選挙区割りは、
違憲状態または違憲」との意見であろう、と推察される。

(2)　3の①の新井誠広島大学教授は、新井誠「参政権保障の諸制度と
司法権」判例時報2413・2414合併号（2018年）231〜232頁で、

　　「そして、平成26年判決の示す「社会的、経済的変化の激しい時代
　　にあって不断に生ずる人口変動の結果、上記の仕組みの下で投票価
　　値の著しい不平等状態が生じ」ることが、もし「公正で効果的でな
　　い」ということならば、私としては逆に、次のことを示したい。す
　　なわち、「社会的、経済的変化の激しい時代にあって不断に生ずる
　　人口変動の結果、**（一部の人口少数県を犠牲とする）合区制度等を導**
　　入した仕組みの下、人口過剰地域と（従来的な地域への愛着を踏みに
　　じられ、多数者居住地域の住民による人口の論理によって導入された合
　　区制度の対象県等の）**人口過小地域との間での**（人々が考えてきた地
　　域を基盤とする政治的意思表示の扱いに関する）著しい不平等状態が
　　生じる代表制もまた「公正で効果的でない」ということである。
　　　「公正で効果的」という多義的な概念を用いつつ、一方的に投票
　　価値の平等の達成こそそれに資するという論理を裁判所自体が用い
　　ることで、国家統治における地域間分断をさらに広げることになら
　　ないのかどうか。私自身はその点に憂慮を憶える。」（強調　引用者）

と記述される。
　　即ち、新井教授は、人口過小地域の住民の利益保護のため非人口比例の
選挙制度を支持する意見である。
　　よって、新井教授は、本件選挙に関する事実関係の下で、「本件選挙
（但し、選挙人数最大較差・1対3.00）の選挙区割りは、違憲状態ではない」と
の意見である、と推察される。

(3)ア ③の、②　上田健介教授；

④　大竹昭裕教授；

⑦　高橋和之教授；

⑨　前硲大志教授；

⑪　横山真通法務省行政訟務課；

は、いずれも、それぞれの論文に照らして、本件選挙に関する事実関係の下で、「本件選挙（但し、選挙人数最大較差・1対3.00）の選挙区割りは、違憲状態である」との意見であるのか、または「違憲状態でない」との意見であるのか、不明である。

イ　③の②の上田健介近畿大学教授は、上田健介「平成28年参議院議員選挙投票価値較差訴訟大法廷判決」判例時報2377号（判例評論716号）152頁で、

「(4)　このような特徴をもつ本判決について、評者は**基本的に肯定的に捉えたい。**まず、評価の実質的な厳格化にブレーキがかかったことについて、参議院については少なくとも投票価値の平等の要請を緩やかに捉える余地が認められると考える。二院制の趣旨のひとつに民意の多角的な反映があるからである。民主的正統性を担保する基盤として両院ともに投票価値の平等の要請が等しく妥協するとする理解もあるが、一院は民主主義の原理から投票価値の平等が厳格に要求されるのに対し、もう一院（第二院）は様々なかたちでの利害・関心の国政への反映の可能性を広く開くために投票価値の平等の要請を厳格に捉えない可能性が認められるのではないか。」（強調　引用者）

「しかし、内閣総理大臣の指名（憲法67条）、予算の議決（憲法60条2項）、条約締結の承認（憲法61条）には衆議院の優越が認められ、法律の制定についても、特別多数決が要件ではあるが衆議院の優越が認められており（憲法59条）、日本国憲法は、参議院に衆議院と完全に対等な位置づけを与えているわけではない。それゆえ、参議

院については、投票価値の平等の要請は**少なくとも幾分は弱まる**とみることができる。」（強調　引用者）

と記述される。

　他方で、同教授は、2017年6月5日付日本経済新聞朝刊14頁で、

　　「すなわち参議院の選挙制度を検討する際に投票価値の平等を重視して、合区を進めたり、都道府県ごとの選挙区を根本から見直したりする（例えば地方ブロックの選挙区に置き換える）といった、もっぱら選挙制度に着目した議論に限定すべきではない。**投票価値の平等の要請を緩やかにする代わりに、参議院の権限を弱める（例えば議決では最終的に衆議院に従う慣行をつくる）ことも考えられる。**」

と記述される。

　よって、上田健介教授も、本件選挙に関する事実関係の下で、「本件選挙（但し、選挙人数最大較差・1対3.00）の選挙区割りは、「違憲状態である」との意見であるのか、または「違憲状態ではない」との意見であるのか、不明である。

小括
　(1)　上記III（本書94〜100頁）の内容を下記【**表1**】に示す。

【表1】

論文等執筆者名 / 本件選挙の合憲性・違憲性について、同人の執筆論文等から拝察される意見（但し、○印で表す）	I「違憲状態」または「違憲」	II 執筆者の意見が、「違憲状態でない」、「違憲状態」、「違憲」のいずれかを記述していないし、示唆もしていない。	III「違憲状態でない」
【平成29年大法廷判決（参）】について			
【最高裁判所判例解説・法曹時報70巻8号2297頁記載の10個の論文の執筆者】			
① 千葉勝美（上記II、24。本書47〜48頁）	○		
② 多田一路（上記II、22。本書45〜46頁）	○		
③ 堀口悟郎（上記II、17。本書38〜39頁）	○		
④ 松本和彦（上記II、16。本書37〜38頁）	○		
⑤ 只野雅人（上記II、20。本書40〜43頁）	○		
⑥ 加藤隆佳（上記III、1(2)。本書95頁）		○	
⑦ 伊藤真（上記III、1(1)。本書95頁）	○		
⑧ 齊藤愛（上記II、11。本書29〜31頁）	○		
⑨ 毛利透（上記II、2。本書11〜15頁）	○		
⑩ 中丸隆（上記II、23。本書47頁）	○		
	小計（9個）	小計（1個）	
【平成26年大法廷判決（参）】について			
【同68巻6号1607頁記載の7個の論文の執筆者】			
① 櫻井智章（上記II、18。本書39頁）	○		
② 斎藤一久（上記II、7。本書20〜22頁）	○		
③ 中川登志男（上記II、39。本書62〜63頁）	○		
④ 市川正人（上記II、21。本書44〜45頁）	○		

⑤ 高作正博（上記Ⅱ、**9**。本書24〜26頁）	○		
⑥ 岩間昭道（上記Ⅲ、2(2)。本書96頁）			○
⑦ 岩井伸晃＝市原義孝 （上記Ⅱ、**46**。本書68〜70頁）	○		
	小計 （6個）		小計 （1個）
【平成24年大法廷判決（参）】について			
【同67巻7号2078頁記載の13個の論文の執筆者】			
① 新井誠（上記Ⅲ、3(2)。本書98頁）			○
② 上田健介（上記Ⅲ、3(3)イ。本書99〜100頁）		○	
③ 榎透（上記Ⅱ、**38**。本書61〜62頁）	○		
④ 大竹昭裕（上記Ⅲ、3④。本書97頁）		○	
⑤ 工藤達朗（上記Ⅱ、**10**。本書26〜29頁）	○		
⑥ 櫻井智章（上記Ⅱ、**18**。本書39頁）	○		
⑦ 高橋和之（上記Ⅲ、3⑦。本書97頁）		○	
⑧ 辻村みよ子（上記Ⅱ、**27**。本書50頁）	○		
⑨ 前硲大志（上記Ⅲ、3⑨。本書97頁）		○	
⑩ 牧野力也（上記Ⅱ、**37**。本書60〜61頁）	○		
⑪ 横山真通（上記Ⅲ、3⑪。本書97頁）		○	
⑫ 吉川和宏（上記Ⅱ、**36**。本書59〜60頁）	○		
⑬ 岩井伸晃＝上村考由 （上記Ⅱ、**47**。本書70〜71頁）	○		
	小計 （7個）	小計 （5個）	小計 （1個）
合　計	22個	6個	2個

(2)ア　平成29年大法廷判決（参）の最高裁判所判例解説は、上記①〜⑩の小計・10個の論文を；

平成26年大法廷判決（参）の最高裁判所判例解説は、上記①〜⑦の小計・7個の論文を；

平成24年大法廷判決（参）の最高裁判所判例解説は、上記①～⑬の小計・13個の論文（即ち、合計・30個の論文）をそれぞれの大法廷判決を評釈した論文として掲載している。

　イ　同30個の論文のうちの２個の論文（岩間昭道論文、新井誠論文）の執筆者・２人は、それぞれ、上記**2**(2)（本書96頁）および上記**3**(2)（本書98～99頁）に示した理由により、本件選挙に関する事実関係の下で、「本件選挙（但し、選挙人数最大較差・１対3.00）の選挙区割りは、違憲状態でない」との意見であろう、と推察される。

　ウ　同30個の論文のうち、上記【**表１**】（本書101～102頁）の「Ⅰ」欄に示す、22個の論文の各執筆者・22人（但し、櫻井智章が、**2**①（本書95頁）；**3**⑥（本書97頁）の２個の論文を執筆者であり、岩井伸晃がⅢ、**2**⑦（本書95頁）：**3**⑬（本書97頁）の２個の論文の共同執筆者であるため。）は、上記【**表１**】左欄に示すそれぞれの執筆論文に照らして、本件選挙に関する事実関係の下で、「本件選挙（但し、選挙人数最大較差・１対3.00）の選挙区割りは、違憲状態または違憲」の意見であろう、と推察される。

　エ　同30個の論文のうち、【**表１**】（本書101～102頁）の「Ⅱ」欄に示す６個の論文の執筆者・６人（上田健介；加藤隆佳；大竹昭裕；高橋和之；前硲大志；横山真通）は、当該６個の論文に照らして、本件選挙に関する事実関係の下で、本件選挙（但し、選挙人数最大較差・１対3.00）の選挙が、「違憲状態ではない」との意見なのか、「違憲状態」または「違憲」であるとの意見であるのか不明である。但し、加藤隆佳（総務省選挙部管理課理事官（併）訟務専門官）、横山真通（法務省行政訟務課職員）はいずれも、国側の利害関係者である。

Ⅳ（本書103～108頁）

　　1 上記Ⅱ（本書 8 ～93頁）記載の各論文等執筆者（47人）と各判事

（**26人**）（**73人**）（＝ 47 + 26）の推察される**意見**および②上記 III（本書 94〜103頁）の各論文（ 8 個）執筆者（ 8 人）の推察される**意見**の分類（下記【**表 2** 】参照〈本書105頁〉）：

（1）　上記 II（本書 8 〜93頁）記載の、論文等執筆者（**47人**[(注1)]〈**下記①参照**〉）および最高裁判事（**26人**[(注4)]〈**下記②参照**〉）および III（本書94〜103頁）記載の論文等執筆者（ **2 人**[(注2)]〈**下記③参照**〉）および（ **6 人**[(注3)]〈**下記④参照**〉）は、下記①〜④のとおり、分類される。

①　本件裁判に関する事実関係の下で、「本件選挙（但し、投票価値の最大較差・ 1 対3.00）の選挙区割りは、違憲状態又は違憲」との意見であろう、と推察される論文等執筆者数は、**47人**である（下記【**表 2** 】[(注1)]**参照**）（但し、二重算入〈ダブル・カウント〉されている宮崎、木内、千葉、泉の 4 最高裁判事を含む人数である）。

②　本件裁判に関する事実関係の下で、「本件選挙（但し、投票価値の最大較差・ 1 対3.00）の選挙区割りは、違憲状態または違憲」との意見であろう、と推察される最高裁判事（現在および当時）は、**26人**である（但し、二重算入〈ダブル・カウント〉されている宮崎、木内、千葉、泉の 4 最高裁判事を含む人数である）（下記【**表 2** 】[(注4)；(注5)]**参照**）。

③　本件裁判に関する事実関係の下で、「本件選挙（但し、投票価値の最大較差・ 1 対3.00）の選挙区割りは、違憲状態でない」との意見であろうと推察される論文執筆者数は、 **2 人**（①新井誠、②岩間昭道）（但し、平成29、26、24年の各大法廷判決（参）の最高裁判所判例解説の掲げる**全30個の論文**の中の 2 個の論文の執筆者〈 2 人〉）である（下記表 2 [(注2)]、上記【**表 1** 】参照（本書101〜102頁））。

④　本件裁判に関する事実関係の下で、「本件選挙（但し、投票価値の最大較差・ 1 対3.00）の選挙区割りは、違憲状態または違憲」の意見か、「違憲状態でない」の意見のいずれかを表明していない論文執筆者数は、 **6 人**（③上田健介、④加藤隆佳、⑤高橋和之、⑥大竹昭裕、⑦前硲大志、⑧横山真通）（但し、同**全30個の論文**の中の 6 個の論文の執筆者〈 6 人〉）である

（下記【表2】^{（注3）}、上記【表1】参照（本書101〜102頁））。

(2) 下記【表2】（本書105頁）は、上記①〜④（本書104〜105頁）の各論文および各判決文中の意見、反対意見、法廷意見、から推察される本件選挙についての意見をまとめたものである。

【表2】

本件選挙についての意見	「違憲状態」または「違憲」	執筆者の意見が、「違憲状態でない」、「違憲状態」、「違憲」のいずれかを記述していないし、示唆もしていない。	「違憲状態でない」
論文等執筆者	47人^{（注1）}		
① 新井誠 ② 岩間昭道			2人^{（注2）}
③ 上田健介 ④ 加藤隆佳 ⑤ 高橋和之 ⑥ 大竹昭裕 ⑦ 前硲大志 ⑧ 横山真通		6人^{（注3）}	
最高裁判事	26人^{（注4）}		
合　計	73人^{（注5）}（＝47＋26）（但し、ダブル・カウントされている4最高裁判事をシングル・カウントすると、69人〈＝73−4〉）	6人	2人

^{（注1）}

1．宮崎裕子（敬称略。以下、同じ）　　II、1（本書9〜11頁）
2．毛利透　　　　　　　　　　　　　II、2（本書11〜15頁）

45. 岩井伸晃＝市原義孝	Ⅱ、46（本書68～70頁）
46. 岩井伸晃＝上村考由	Ⅱ、47（本書70～71頁）

（小計・47人）

(注2)

1．新井誠（敬称略。以下同じ）	Ⅲ、3(2)（本書98～99頁）
2．岩間昭道	Ⅲ、2(2)（本書96頁）

（小計・2人）

(注3)

1．上田健介（敬称略。以下同じ）	Ⅲ、3(3)イ（本書99～100頁）
2．加藤隆佳	Ⅲ、1⑥（本書94頁）
3．大竹昭裕	Ⅲ、3④（本書97頁）
4．高橋和之	Ⅲ、3⑦（本書97頁）
5．前硲大志	Ⅲ、3⑨（本書97頁）
6．横山真通	Ⅲ、3⑪（本書97頁）

（小計・6人）

(注4)

1．宮崎裕子（敬称略。以下、同じ）	Ⅱ、1（本書9～11頁）
2．木内道祥	Ⅱ、4（本書17～18頁）
3．千葉勝美	Ⅱ、24（本書47～48頁）
4．泉德治	Ⅱ、25（本書48～49頁）
5．林景一	Ⅱ、48（本書71～73頁）
6．鬼丸かおる	Ⅱ、49（本書73～75頁）
7．山本庸幸	Ⅱ、50（本書75～77頁）
8．大橋正春	Ⅱ、51（本書77～78頁）
9．金築誠志	Ⅱ、52（本書78～79頁）
10．白木勇	同上
11．大谷剛彦	同上
12．山浦善樹	同上
13．田原睦夫	Ⅱ、53（本書79～80頁）
14．須藤正彦	Ⅱ、54（本書80～81頁）
15．竹﨑博允	Ⅱ、55（本書81～83頁）
16．横田尤孝	同上
17．近藤崇晴	Ⅱ、56（本書83～85頁）
18．宮川光治	Ⅱ、57（本書85～86頁）
19．那須弘平	Ⅱ、58（本書86～87頁）
20．滝井繁男	Ⅱ、59（本書87頁）
21．才口千晴	Ⅱ、60（本書87～88頁）
22．福田博	Ⅱ、61（本書88～89頁）

23. 梶谷玄	Ⅱ、62	（本書89〜90頁）
24. 深澤武久	Ⅱ、63	（本書90〜91頁）
25. 濱田邦夫	Ⅱ、64	（本書91〜92頁）
26. 尾崎行信	Ⅱ、65	（本書92〜93頁）

（小計・26人）

(注5)

宮崎、木内、泉、千葉の4判事は、論文等執筆者でもあるため、判事数（26人）；論文等執筆者数（47人）の双方に算入（ダブル・カウント）されている。当該4人をシングル・カウントすると、論文等執筆者、判事の総合計は、**69人**（＝73人〈＝47人＋26人〉−4人）である。

第2章（本書109頁）

> 　選挙人らが**第2番目に強調したい主張**は、**事情判決の法理**（昭和51年大法廷判決（衆）；昭和60年大法廷判決（衆）参照）は、本件裁判においては、**天使の法理**であるという論点である。

　昭和51年大法廷判決（衆）の事情判決の法理は、①提訴された選挙は、千葉1区の選挙のみであり、かつ②比例代表選挙は存在しなかったという2つの事情の下で、違憲の選挙を有効と判決した判例であったので、【憲法は、人口比例選挙を要求する】と主張する選挙人らからみると、いわば**悪魔の判例**であった。

　しかしながら、本件裁判では、①比例代表選挙が存在し、かつ②全選挙区で各原告が提訴したという**2つの新しい事情**がある。

　よって、昭和51年大法廷判決（衆）の事情判決の法理は、本件選挙の当該**2つの新しい事情**の下では、悪魔の判例とは**真逆**の天使の判例として、機能する。

　けだし、当該**2つの新しい事情**の下では、事情判決の法理により、違憲状態又は違憲の選挙は、憲法98条1項後段の定めにより、「その効力を有しない」からである。

　即ち、本件選挙の当該**2つの新しい事情**の下では、**事情判決の法理**は、**天使の法理**として機能する。

第3章（本書110～115頁）

> 選挙人らが**第3番目に強調したい主張**は、下記論点である。
>
> 【**平成29年大法廷判決（参）の判示**（下記(3)ア〈本書111～112頁〉参照）
> に照らしても、本件選挙では、**43都道府県について、都道府県を単位
> とする選挙制度が維持されており**、平成27年改正法の附則7条で国会
> が国民に対して宣言した抜本的な選挙制度の見直しが怠られた以上、
> 当該43都道府県の選挙区割りが違憲状態の瑕疵を帯びたままであるた
> め、国政選挙の区割り規定の**「不可分の一体」**（昭和51大法廷判決
> （衆）民集30巻3号249頁；昭和60年大法廷判決（衆）民集39巻5号1122頁
> 参照）の法理により、結局、本件選挙は、**違憲状態または違憲**である。】

(1) 平成30年改正法に基づく本件選挙では、

    ① 平成27年改正法による島根県・鳥取県の合区および徳島県・高
      知県の合区の合計2合区は、そのまま維持され、かつ

    ② **43都道府県が、選挙区の単位として従来どおり維持され**、更に

    ③ 選挙当日の選挙人数の最大較差は、平成28年参院選の3.08倍か
      ら本件選挙の3.00倍に僅かに縮小するに止まった。

(2)（本書110～111頁）

ア 平成27年改正法附則7条は、

  「**平成31年に行われる参議院議員の通常選挙に向けて**、参議院の在
  り方を踏まえて、選挙区間における議員一人当たりの人口の較差の
  是正等を考慮しつつ選挙制度の**抜本的な見直し**について引き続き検
  討を行い、**必ず結論を得る**ものとする。」（強調 引用者）

と定めている。

イ 同附則7条の「平成31年に行われる参議院議員の通常選挙に向けて、

110

……選挙制度の抜本的な見直しについて、必ず結論を得るものとする。」の中の「選挙制度の抜本的な見直し」とは、「**都道府県を単位として各選挙区の定数を設定する現行の方式をしかるべき形で改めるなど現行の選挙制度の見直し」**（平成24年大法廷判決（参）、下記(4)〈本書114頁〉；平成26年大法廷判決（参）下記(4)〈本書114〜115頁〉）を意味すると解される。

ウ ところが、国は、原審で、平成30年改正法は、同附則7条に沿うものである、と強弁する。

エ しかしながら、平成30年改正法に基づく、本件選挙は、
① 従来の4県2合区をそのまま維持するに過ぎず、
② 43都道府県が、従来どおり選挙区の単位としてそのまま維持されており、かつ
③ 選挙当日の各選挙区間の議員1人当り選挙人数最大較差も、平成28年参院選（当時）の3.08倍から令和元年参院選（当時）の3.00倍に僅かに縮小したに過ぎないから、
同附則7条の内容は、本件選挙当時、**実現されなかった、と解される。**
即ち、国は、自ら同附則7条の文言を定めておきながら、同附則7条を無視し、その実現（選挙制度の**抜本的な見直し）を怠った、**と解される。

(3)（本書111〜114頁）
ア より詳細に議論すると、
平成29年大法廷判決（参）は、
「この改正（H27年改正法。引用者　注）は，長期間にわたり投票価値の大きな較差が継続する要因となっていた上記の仕組みを見直すべく，人口の少ない一部の選挙区を合区するというこれまでにない手法を導入して行われたものであり，これによって選挙区間の最大較差が上記の程度にまで縮小したのであるから，同改正は，前記の参議院議員選挙の特性を踏まえ，平成24年大法廷判決及び平成26年大

法廷判決の趣旨に沿って較差の是正を図ったものとみることができる。また，平成27年改正法は，その附則（第7条　引用者　注）において，次回の通常選挙に向けて選挙制度の抜本的な見直しについて引き続き検討を行い　必ず結論を得る旨を定めており，これによって，今後における投票価値の較差の更なる是正に向けての方向性と立法府の決意が示されるとともに，再び上記のような大きな較差を生じさせることのないよう配慮されているものということができる。

　そうすると，平成27年改正は，都道府県を各選挙区の単位とする選挙制度の仕組みを改めて，長年にわたり選挙区間における大きな投票価値の不均衡が継続してきた状態から脱せしめるとともに，更なる較差の是正を指向するものと評価することができる。

（略）

　(5)　以上のような事情を総合すれば，本件選挙当時，平成27年改正後の本件定数配分規定の下での選挙区間における投票価値の不均衡は，違憲の問題が生ずる程度の著しい不平等状態にあったものとはいえず，本件定数配分規定が憲法に違反するに至っていたということはできない。」（強調　引用者）

と判示する。

　即ち、同判示は、

　　①選挙当日の議員1人当りの各選挙区間の有権者数の格差（最大）が**3.08倍に縮小したこと**、および

　　②平成27年改正法附則7条の定める「**更なる是正に向けての方向性と立法府の決意**」の2つを明示し、

　「**以上のような事情**（即ち、上記①および②の各事情。選挙人注）**を総合すれば、本件選挙当時、平成27年改正後の本件定数配分規定の下での選挙区間の投票価値の不均衡は，違憲の問題が生じる程度の著しい不平等状態にあったとは言え（ない）**」

と結論する。

イ(ア)　上記(2)エ（本書111頁）に示すとおり、本件選挙では、同附則7条（即ち、次回の通常選挙に向けて選挙制度の抜本的な見直しについて引き続き検討を行い　必ず結論を得る旨の定め）が、実現されなかった。

　　即ち、本件選挙では、平成29年大法廷判決（参）が『当該選挙の投票価値の不均衡は、違憲状態ではない』旨判示するために、総合的に考慮した2つの事情（即ち、上記①の各選挙区間の選挙人数の格差が3.08倍迄縮小したことおよび上記②の平成27年改正法附則7条の示す「更なる是正に向けての方向性と立法府の決意」）の中の、1（即ち、上記②の「更なる是正に向けての方向性と立法府の決意」）が、欠けている。

　　従って、本件選挙は、平成29年大法廷判決（参）の同判示に照らし、違憲状態である。

(イ)　更に言えば、違憲状態でないとした原審判決は、その理由として、【選挙制度の**抜本的な見直し**には、大きな困難が存在すること】を挙げている。

　　しかしながら、そのようなことは、同附則7条制定当時から当然予測されていたことであったにも拘わらず、国会は、敢えて、同附則7条を定めたのである。

　　よって、選挙制度の**抜本的な見直し**の実現が困難であるからといって、国会が免責される、とは解し難い。

　　平成29年大法廷判決（参）は、同附則7条の選挙制度の**抜本的な見直し**が実現されるであろうこと（同附則7条は、「**必ず結論を得る**」ことを法律において定めていることから、裁判所が選挙制度の**抜本的な見直し**が実現されることを期待するのは当然である。）を**前提**として、『当該選挙は違憲状態ではない』旨判示した、と解される。

　　以上のとおり、本件選挙では、当該**前提**（即ち、都道府県を単位する現行方式の**抜本的見直し**が実現されるという前提）が欠けているので、本件選挙は、平成29年大法廷判決（参）に照らして、違憲状態と解される。

ウ　（上記ア～イの小括）

　　よって、本件選挙は、平成29年大法廷判決（参）の当該選挙は、
『違憲状態ではない』旨の当該判示の当該**前提**を欠いているので、平
成29年大法廷判決（参）の当該判示に照らし、違憲状態と解される。

⑷（本書114～115頁）

　　更に重ねて言えば、国の意見書24頁は、「選挙区割りが都道府県単位
であることの意義については、」「全国35に及ぶ県議会の決議において、
繰り返し主張されてます。」と記述するので、これについて、下記（本
書114～115頁）のとおり付言する。

平成24年大法廷判決（参）は、

　　「都道府県を単位として各選挙区の定数を設定する現行の方式をし
　　かるべき形で改めるなど、**現行の選挙制度の仕組み自体の見直しを**
　　内容とする立法的措置を講じ、できるだけ速やかに違憲の問題が生
　　ずる前記の不平等状態を解消する必要がある。」（強調　引用者）

と判示し（民集66巻10号3371（61）頁）、

　　平成26年大法廷判決（参）も、

　　「しかしながら，国民の意思を適正に反映する選挙制度が民主政治
　　の基盤であり，投票価値の平等が憲法上の要請であることや，さき
　　に述べた国政の運営における参議院の役割等に照らせば，より適切
　　な民意の反映が可能となるよう，従来の改正のように単に一部の選
　　挙区の定数を増減するにとどまらず，国会において，**都道府県を単**
　　位として各選挙区の定数を設定する現行の方式をしかるべき形で改
　　めるなどの具体的な改正案の検討と集約が着実に進められ，できる
　　だけ速やかに，**現行の選挙制度の仕組み自体の見直しを内容とする**
　　立法的措置によって違憲の問題が生ずる前記の不平等状態が解消さ
　　れる必要があるというべきである。」（強調　引用者）

と判示する（民集68巻9号1380⒅～1381⒆頁）。

当該各大法廷判決の示すとおり、都道府県は、選挙区の単位として見直されるべき対象であるので、敢えて擬人化して言えば、**都道府県そのもの**が、見直しを要求する選挙制度改革との関係では、**「利害関係者」**の立場に置かれている。

　従って、都道府県が、「利害関係者」として、【選挙区の単位であることを見直されて、選挙区の単位としての地位を失うこと】に反対するのは、至極当然のことである。

　当該各大法廷判決の判示は、「利害関係者」たる都道府県からの反対があろうとも、【都道府県を選挙区の単位とする選挙制度を見直すこと】を要求している、と解される。

　従って、「利害関係者」たる35個の県議会が「選挙区割りが都道府県単位であることの意義」につき決議をしたことをもって、都道府県を単位とする従来の選挙制度を見直すことを中止すべき憲法上の正当な理由がある、とは解されない。

《著者紹介》

升永 英俊 （ますなが ひでとし）　弁護士、弁理士

●——略歴

1942年	生
1961年	東京都立戸山高等学校卒業
1965年	東京大学法学部卒業
	住友銀行勤務
1973年	東京大学工学部卒業
	第一東京弁護士会登録
1979年	コロンビア大学ロースクール卒業（LL.M.）
1981年	米国首都ワシントン D.C. 弁護士登録
1984年	ニューヨーク州弁護士登録
2008年	TMI 総合法律事務所にパートナーとして参画

統治論に基づく人口比例選挙訴訟II （とうちろんにもとづくじんこうひれいせんきょそしょう）

2020年9月30日　第1版第1刷発行

著　者——升永英俊
発行所——株式会社　日本評論社
　　　　　〒170-8474 東京都豊島区南大塚3-12-4
　　　　　電話03-3987-8621（販売：FAX－8590）
　　　　　　　03-3987-8592（編集）
　　　　　https://www.nippyo.co.jp/　振替　00100-3-16
印刷所——精文堂印刷株式会社
製本所——株式会社難波製本
装　丁——図工ファイブ